Gesund essen

30-Minuten-Küche für Diabetiker

Autoren: Erika Casparek-Türkkan, Doris Fritzsche
Fotographie: Jörn Rynio

Inhalt

DIABETES MELLITUS

REZEPTE

Frühstück, Snacks und Drinks

Kleine Gerichte

Vegetarische Hauptgerichte

Hauptgerichte mit Fisch

Hauptgerichte mit Fleisch und Geflügel

Desserts

Achten Sie darauf, dass Sie mit den Hauptgerichten auf möglichst gleiche KE-Mengen von 3 bzw. 4 KE kommen. Ergänzen Sie die KE-ärmeren Rezepte entsprechend Ihres Bedarfs mit folgenden Kohlenhydratlieferanten:

	1 KE
Nudeln (Rohgewicht)	15 g
Reis (Rohgewicht)	15 g
Kartoffeln	70 g
Vollkornbrot/-brötchen	25 g

ZUM NACHSCHLAGEN

saucony
NORDIC

Diabetes mellitus – was ist das überhaupt?

Diabetes mellitus Typ 2 gehört schon seit vielen Jahren zu den großen Volkskrankheiten. Mehr als 250 Millionen Menschen weltweit haben Diabetes.

Sie haben von Ihrem behandelnden Arzt die Diagnose Diabetes mellitus Typ 2 erhalten? Dann haben Sie die Anlage für diese Erkrankung schon in die Wiege gelegt bekommen, denn Diabetes Typ 2 ist eine genetisch bedingte Stoffwechselerkrankung. Der Ausbruch des Diabetes Typ 2 ist jedoch abhängig vom individuellen Lebensstil. Darin liegt gleichzeitig eine große Chance für eine erfolgreiche Behandlung. Die Grundlage der effektivsten Therapie ist eine Umstellung der Ernährung bei ausreichender körperlicher Bewegung.

In diesem Buch finden Sie Antworten auf häufige Fragen, eine Vielzahl von Tipps sowie reichlich einfache, schnelle Rezepte, die Ihnen helfen, den Alltag mit Diabetes Typ 2 zu meistern.

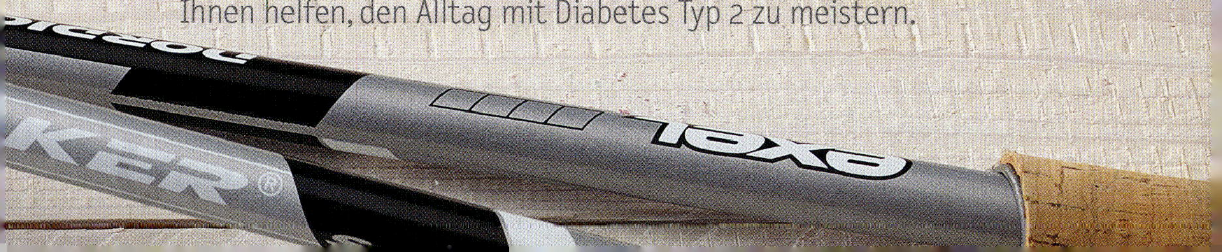

Diagnose Diabetes – der Blutzucker steigt

Alle Menschen haben Zucker im Blut, denn die Blutgefäße sind Leitungssysteme, die verschiedene Substanzen und Nährstoffe – auch den Blutzucker – durch den Körper transportieren. Normale Blutzuckerwerte sind 60 bis 140 mg/100 ml (3,3 bis 7,8 mmol/l). Liegt der Blutzucker über diesen Normwerten, spricht man von Diabetes. Wenn ein Schwellenwert von 180 bis 200 mg/100 ml (10 bis 11,1 mmol/l) im Blut überschritten ist, können die Nieren den Zucker nicht mehr im Körper zurückhalten, und im Urin ist Zucker nachweisbar.

Historisches

Diabetes wurde bereits in der Antike beschrieben. In der Neuzeit schilderte der englische Arzt Thomas Willis (1621–1675) ausführlich die Symptome des Diabetes. Er schrieb unter anderem: »Der Harn der Kranken ist wunderbar süß, als sei er mit Zucker oder Honig durchtränkt.« Der süße Urin gab der Stoffwechselkrankheit ihren Namen. Diabetes mellitus lässt sich übersetzen als »honigsüßer Durchfluss«. Bereits seit Ende des 19. Jahrhunderts ist bekannt, dass Diabetes durch eine Fehlfunktion der Bauchspeicheldrüse hervorgerufen wird. Die eigentliche Ursache des Diabetes wurde jedoch erst im 20. Jahrhundert geklärt. 1921 gelang es den Kanadiern Banting und Best, Insulin aus Bauchspeicheldrüsengewebe zu gewinnen und mit positivem Ergebnis an Hunden zu testen. 1922 wurde der erste Patient erfolgreich mit Insulin behandelt.

Zu welchem Typ gehören Sie?

Sind die Blutzuckerwerte erhöht, liegt das daran, dass Zucker im Blutgefäßsystem verbleibt, anstatt in die Zellen zur Energiegewinnung zu gelangen. Hierfür gibt es verschiedene mögliche Ursachen. Das Einschleusen von Blutzucker in die Zellen muss durch das Hormon Insulin vermittelt werden. Fehlt Insulin, weil die Bauchspeicheldrüse kein Insulin mehr herstellt, spricht man von Diabetes mellitus Typ 1, früher auch als Jugendlichen-Diabetes bezeichnet. Diabetes Typ 1 ist eine Autoimmunerkrankung, bei der der Körper die Insulin produzierenden Zellen in der Bauchspeicheldrüse zerstört. Menschen mit Diabetes Typ 1 müssen sofort mit Insulin behandelt werden.
Nur 10 % der Diabetiker zählen zu diesem Typ.

Der größte Anteil zählt zum Typ 2

Über 85 % der Diabetiker gehören zum Typ 2, der – zumindest am Anfang – ausreichend eigenes Insulin produziert. Beim Typ-2-Diabetiker ist der Grund für den erhöhten Blutzucker eine unzureichende Insulinwirkung. Zudem fehlt die erste schnelle Insulinantwort nach einem Zuckerreiz. Die geringere Insulinwirkung ist dadurch mit einem relativen Insulinmangel verknüpft. Weil nun nicht genug Transportmittel für den Zucker in die Zellen zur Verfügung stehen, kommt es in der Leber zusätzlich zu einer gesteigerten Neubildung von Zucker, weil der Körper denkt, er müsse Zucker nachliefern.

Symptome beim Diabetes Typ 2

Die Symptome hoher Blutzuckerwerte sind individuell verschieden. Treten die bekannten Beschwerden auf, wie starker Durst, häufiges Wasserlassen und schlechte Wundheilung, denken auch medizinische Laien an die Zuckerkrankheit und gehen zum Arzt, um den Verdacht überprüfen zu lassen. Der Mangel an Zuckerenergie in der Zelle kann jedoch auch völlig unspezifische Symptome, wie Müdigkeit und Abgeschlagenheit, hervorrufen. Wegen solcher »Bagatell-Beschwerden« gehen viele Betroffene nicht sofort zum Arzt, weshalb die Ursache Diabetes häufig längere Zeit unentdeckt bleibt.

Verantwortung der Gene oder des Lebensstils?

Die genetische Veranlagung ist ein entscheidender Faktor für die Entwicklung des Diabetes Typ 2. Verwandte ersten Grades bekommen mit einer 50-prozentigen Wahrscheinlichkeit ebenfalls einen Diabetes Typ 2.
Wissenschaftliche Studien belegen jedoch, dass der Lebensstil entscheidend für die Entstehung verantwortlich ist. Besonders Übergewicht und Bewegungsmangel begünstigen die Entwicklung des Diabetes mellitus Typ 2. Das bestätigen auch die parallel steigenden Zahlen von Menschen mit Übergewicht und Diabetes Typ 2. Im Wissen um diese Zusammenhänge liegt zugleich auch eine große Chance. Denn Sie können als Betroffene selbst eine Menge tun, um Ihren Stoffwechsel in den Griff zu bekommen. In vielen Fällen können Sie durch konsequente Änderung Ihres Lebensstils auf ganz natürliche Weise und absolut nebenwirkungsfrei völlige Beschwerdefreiheit erreichen.

Übergewicht – der zentrale Faktor

Schon seit Langem ist der Zusammenhang bekannt zwischen Diabetes Typ 2 und zu hohem Körpergewicht, besonders dem übermäßigen Fettansatz am Bauch. Wünschenswert ist ein normales Körpergewicht mit einem Body-Mass-Index (BMI) unter 25 kg/m². Die Formel für die Berechnung lautet:

$$\text{BMI} = \frac{\text{Körpergewicht (kg)}}{\text{Körpergröße (m)} \times \text{Körpergröße (m)}}$$

Eine Beispiel-Rechnung:

$$\frac{72{,}5\ \text{(kg)}}{1{,}74\ \text{(m)} \times 1{,}74\ \text{(m)}} = 23{,}9$$

Beispiele für die obere Normalgewichtsgrenze Erwachsener

(BMI = 24,9 kg/m²):

- 155 cm – 59,8 kg
- 160 cm – 63,7 kg
- 165 cm – 67,8 kg
- 170 cm – 72,0 kg
- 175 cm – 76,3 kg
- 180 cm – 80,7 kg
- 185 cm – 85,2 kg
- 190 cm – 89,9 kg

Gewichtsabnahme wirkt zuverlässig

Gewichtsabnahme in Verbindung mit einer Steigerung der körperlichen Aktivität ist nachweislich mindestens so wirksam wie ein Medikament und dabei völlig nebenwirkungsfrei. In vielen Fällen reicht es aus, das Körpergewicht zu normalisieren, um den gesamten Stoffwechsel zu regulieren. Abspecken ist jedoch leichter gesagt als getan. Sie brauchen dazu neben Motivation auch eine tüchtige Portion Durchhaltevermögen. Und holen Sie sich professionelle Hilfe für Ihr Vorhaben. Weil Gewichtsabnahme und gesteigerte körperliche Bewegung so effektiv sind, unterstützen die gesetzlichen Krankenkassen ihre Versicherten und beteiligen sich an den Kosten für Ernährungstherapie und Bewegungskurse.

Lebensstiländerung – die wirksamste

Behandlungsmethode

Eine Veränderung des Lebensstils (Lifestyle-Modifikation) gilt heute als wirksamste Basisbehandlung des Diabetes Typ 2. Der Begriff Lebensstiländerung umfasst dabei gleich drei wichtige Lebensbereiche. Ziel ist die Optimierung des Ernährungsstils, des Bewegungsverhaltens und der Stressbewältigung.
Lebensstiländerung ist als Methode auch deshalb so effektiv, weil neben dem Diabetes Typ 2 auch seine Begleiterkrankungen Übergewicht, Fettstoffwechselstörungen, Bluthochdruck und erhöhte Harnsäurewerte mitbehandelt werden. Erst wenn diese Veränderung nicht den gewünschten Erfolg bringt, kommen Medikamente zum Einsatz. Es soll jedoch nicht unerwähnt bleiben, dass es Lebenssituationen gibt, in denen von Anfang an auch Medikamente eingesetzt werden müssen. Ihr behandelnder Arzt wird Sie umfassend beraten und abwägen, wann welche Medikamente sinnvoll sind.

Ernährungsstil optimieren – gesund essen und trinken

Bereits in der Antike empfahl Hippokrates: »Eure Nahrung sei Eure Medizin und die Medizin sei Eure Nahrung.« Auch heute hat gesundes Essen und Trinken die Aufgabe, den Körper mit lebenswichtigen Substanzen zu versorgen, die die Körperstrukturen erhalten und die Leistungsfähigkeit sichern. Gleichzeitig soll eine Belastung mit ungünstigen und ungesunden Stoffen so gut es geht vermieden werden. Essen und Getränke werden deshalb zunächst mit dem Ziel zusammengestellt, dass die Versorgung mit Kalorien (Energie) dem Bedarf des Zielkörpergewichts angepasst ist. Das bedeutet, wenn das Zielgewicht niedriger liegt als das aktuelle Gewicht, muss die Kalorienaufnahme entsprechend gedrosselt werden. Gesundes Essen und Trinken hat außerdem die wichtige Aufgabe, ausreichende Mengen an Wasser, Proteinen (Eiweißen), Vitaminen, Mineralstoffen, ungesättigten Fettsäuren sowie Ballaststoffen zu liefern. Leere Kalorien und Substanzen, die den Stoffwechsel unnötig belasten, wie Zucker, Fette mit hohem Anteil gesättigter und gehärteter Fettsäuren, Alkohol und Harnsäure bildende Purine, sollen möglichst wenig aufgenommen werden.

Essen und Trinken – ein Grundbedürfnis

Essen und Trinken sind unentbehrlich. Die Mahlzeiten sollen den Organismus mit lebenswichtigen Substanzen versorgen, sie bieten jedoch gleichzeitig auch die Möglichkeit der Begegnung mit Familie und Freunden. Deshalb soll Essen sowohl gesund wie auch schmackhaft und einfach zuzubereiten sein. Eine empfehlenswerte Zusammensetzung der verschiedenen Mahlzeiten des Tages finden Sie in der vorderen Klappe dieses Buches. Die Rezepte in diesem Ratgeber (ab S. 22) helfen Ihnen, die Änderung Ihres Ernährungsstils unkompliziert in die Tat umzusetzen.

Lust auf Bewegung

Der menschliche Körper ist auf Bewegung programmiert. Ganz gleich, welche Aktivitäten Sie betreiben, ob Hockergymnastik, Tanzen im Sitzen, Schwimmen, Radfahren, Wandern oder Joggen, wichtig ist, dass die Bewegungen an Ihr persönliches Leistungsvermögen angepasst sind. Wer seinen Körper individuell belastet, kann ihn fit halten. Sportwissenschaftler empfehlen deshalb: Mindestens zwei- bis dreimal pro Woche sollte man sich körperlich richtig anstrengen und den Puls mindestens auf ein Niveau von 180 minus Lebensalter steigern. Denn auch der Herzmuskel braucht Training.

➤ Faustregel für die Dosierung der Belastung

Untätigkeit schwächt, Übung kräftigt, Überlastung schadet

Bevor Sie Ihr neues Bewegungsprogramm starten, ist eine medizinische Voruntersuchung inklusive einer ärztlichen Empfehlung für gesundheitlich orientierten Sport ratsam.

Wundermittel Bewegung

Durch Bewegung kommen Muskulatur, Herz und innere Organe so richtig in Schwung. Ganz nebenbei sorgt Bewegung dafür, dass der Blutzucker sinkt, weil das Insulin besser wirkt. Außerdem arbeitet der Fettstoffwechsel verstärkt, und Cholesterinwerte werden positiv beeinflusst, indem das gute HDL-Cholesterin angehoben wird. Mechanische Bewegungsreize sorgen dafür, dass Gelenke ernährt und beatmet werden und Knorpelzellen neue Substanz bilden können. Außerdem wird die gute Laune gesteigert, weil vermehrt Glückshormone, die Endorphine, ausgeschüttet werden. Körperlich Aktive können Alltagsbelastungen besser standhalten und haben eine gute Infektabwehr, denn das Immunsystem kommt auf Touren und bildet vermehrt Abwehrzellen.

Vermeiden Sie Unterzucker, denn Bewegung senkt den Insulinbedarf

Wenn Sie mit Medikamenten behandelt werden, die die körpereigene Insulinfreisetzung steigern, oder wenn Sie Insulin spritzen, sollten Sie für jede körperliche Aktivität je 30 Minuten zusätzlich 1 BE/KE essen. Falls Sie die Bewegung auch nutzen wollen, um Ihr Körpergewicht nachhaltig zu reduzieren, wäre es bedauerlich, wenn Sie zur Vermeidung von Unterzucker zusätzlich essen müssten. Beraten Sie sich deshalb mit Ihrem Arzt, ob Sie bei körperlichen Aktivitäten die Dosis Ihrer Diabetesmedikamente verringern können – besonders, wenn Sie Kalorien einsparen müssen, weil Ihr Gewicht noch zu hoch ist.

Regelmäßig entspannen

Wenn Menschen Stress haben, laufen dieselben Mechanismen ab, die benötigt werden, um bei Gefahr schnell flüchten oder kämpfen zu können. Das Stresshormon Adrenalin wird vermehrt ausgeschüttet. Es sorgt unter anderem dafür, dass die Pupillen weit gestellt werden, die Atmung beschleunigt wird, das Herz schneller schlägt, gespeicherter Zucker als rasch verfügbarer Energielieferant aus der Leber freigesetzt wird und dadurch der Blutzucker steigt. Ob bestimmte Situationen bei Ihnen überhaupt zu Stress führen, hängt auch davon ab, welche Strategien gegen Stress Sie beherrschen.
Es gibt eine Vielzahl unterschiedlicher Entspannungstechniken, wie autogenes Training, progressive Muskelentspannung, Qigong oder Yoga. Am besten probieren Sie aus, welche Methode am besten zu Ihnen passt. Ein anderes wunderbares Mittel zum Stressabbau kennen Sie bereits. Es heißt Bewegung, denn durch Muskelarbeit wird das Stresshormon Adrenalin schneller abgebaut.

Diabetes mellitus – häufig gestellte Fragen

Wie kann ich mein individuelles Risiko für Diabetes Typ 2 einschätzen?

Je mehr der folgenden Fragen Sie mit Ja beantworten können, desto größer ist Ihr persönliches Risiko für die Entwicklung von Diabetes Typ 2. Hatten Verwandte ersten Grades Diabetes Typ 2? Sind Sie übergewichtig? Ist Ihr Taillenumfang zu groß (Frauen über 88 cm, Männer über 102 cm)? Ist Ihr Blutdruck erhöht? Sind Ihre Blutfette erhöht? Haben Sie erhöhte Harnsäurewerte? Nehmen Sie Medikamente ein, um Blutdruck oder Blutwerte zu normalisieren?

Was versteht man unter gestörter Glukosetoleranz?

Wenn zwei Stunden nach Belastung mit 75 g Traubenzucker (Glukosetoleranztest) ein Blutzuckerwert über 140 mg/100 ml (7,8 mmol/l) festgestellt wird, bezeichnet man dies als gestörte Glukosetoleranz. Diese Belastung wird unter Aufsicht eines Arztes durchgeführt.

Wann gilt die Diagnose Diabetes als gesichert?

Liegen die nüchtern gemessenen Blutwerte über 110 mg/100 ml (6,1 mmol/l) oder die Werte zwei Stunden nach Belastung mit 75 g Traubenzucker (Glukosetoleranztest) über 200 mg/100 ml (11,1 mmol/l) gilt die Diagnose Diabetes als gesichert.

Was versteht man unter dem »Blutzuckergedächtnis«?

Der rote Blutfarbstoff, das Hämoglobin, geht im Körper eine Verbindung mit Zucker ein – bei niedrigen Blutzuckerwerten mit wenig Zucker, entsprechend mit viel Zucker bei hohem Blutzucker. Dieses glykolisierte (verzuckerte) Hämoglobin (HbA1c-Wert) wird auch als Blutzuckerlangzeitwert oder Blutzuckergedächtnis bezeichnet. Denn der Wert erlaubt den Rückschluss über die Höhe des mittleren Blutzuckers der letzten 120 Tage.

Geht der Diabetes Typ 2 wieder weg?

Die genetische Anlage für den Diabetes Typ 2 bleibt bestehen. Bei rechtzeitiger und beständiger Änderung des Lebensstils mit Normalisierung des Körpergewichts und regelmäßiger Bewegung verschwinden jedoch die Symptome des Diabetes Typ 2. Eine frühe, konsequente Behandlung sichert Ihnen damit dauerhafte Beschwerdefreiheit.

Was genau ist »Altersdiabetes«?

Die Bezeichnung Altersdiabetes wurde früher für Diabetes Typ 2 benutzt, weil er meist erst nach dem 40. Lebensjahr auftrat. In den letzten Jahren wird Diabetes Typ 2 immer häufiger bei jungen Menschen und sogar bei Jugendlichen und Kindern festgestellt. Völlig neu ist diese Entwicklung allerdings nicht, denn bereits 1968 wurde im Rahmen einer Diabetes-Früherfassungsaktion in München auf die Problematik von Diabetes Typ 2 bei Kindern hingewiesen.

Was ist ein »MODY«?

MODY (maturity onset diabetes of the young) bezeichnet einen seltenen Diabetestyp beim Jugendlichen. Ein MODY liegt dann vor, wenn es aufgrund eines Gendefekts ausschließlich zu einer Störung der Insulinsekretion kommt, während die Insulinwirkung nicht beeinträchtigt ist.

Können hohe Blutzuckerwerte schaden?

Langfristig schädigen erhöhte Blutzuckerwerte verschiedene Organe. Typische Komplikationen sind Veränderungen der großen und kleinen Blutgefäße mit Schädigungen des Augenhintergrunds, der Nieren und der Füße. Die Schädigung der Nerven führt zu Empfindungsstörungen, Neuropathien und Potenzstörungen.

Welche Sportarten sind bei Diabetes geeignet?

Besonders geeignet sind Sportarten, die das Herz-Kreislauf-System trainieren. Ideal sind Nordic Walking, Joggen, Radfahren, Wandern oder Schwimmen. Sportarten, bei denen Diabetiker mit Medikamenten- und Insulinbehandlung sich und andere im Fall einer Unterzuckerung gefährden, sind ungeeignet, wie Motorsport, Tauchen, Gleitschirmfliegen oder Bergsteigen.

Kohlenhydrate und Blutzucker

Kohlenhydrate – Stärke und Zucker

Das Wort Kohlenhydrate ist ein Oberbegriff für alle Zuckerarten. Zu den Kohlenhydraten zählen unterschiedlich große Verbindungen.

› Traubenzucker (Glukose) und Fruchtzucker (Fruktose) sind Einfachzucker (Monosaccharide), die aus einem einzelnen Zuckermolekül bestehen.

› Haushaltszucker (Saccharose), Malzzucker (Maltose) und Milchzucker (Laktose) sind Zweifachzucker (Disaccharide), bei denen zwei Zuckermoleküle verbunden sind.

› Stärke ist ein Vielfachzucker (Polysaccharid), bei dem mehr als 1000 Zuckermoleküle verknüpft sind.

➤ Kohlenhydrate

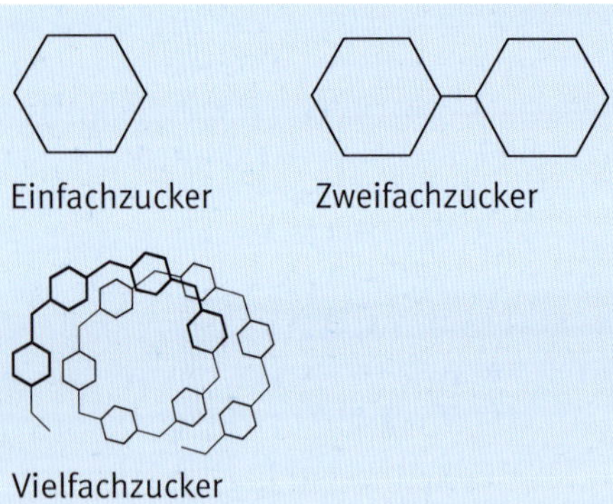

So gelangen die Kohlenhydrate ins Blut

Kohlenhydrate stecken als Stärke in Getreide und Kartoffeln und als Zucker im Obst und in Milch. Immer wenn Menschen kohlenhydrathaltige Nahrungsmittel essen, erreichen diese nach dem Kauen, Einspeicheln und Schlucken über Speiseröhre und Magen den Dünndarm. Einfachzucker gehen direkt vom Darm ins Blut über, Zweifachzucker und Stärke müssen zunächst mithilfe von Enzymen zu Einfachzuckern gespalten werden, danach gelangen auch diese ins Blutsystem.

BE, KE, KHE

Broteinheit (BE) und Kohlenhydrateinheit (KE oder KHE) sind Schätzgrößen für den Kohlenhydratanteil von Lebensmitteln.
Eine Einheit entspricht der Gramm-Portion eines Lebensmittels, die 10 bis 12 g Kohlenhydrate enthält. Diese Kohlenhydratmenge ist z. B. in 25 g Vollkornbrot oder in 15 g ungekochtem Reis oder in 200 ml Milch enthalten.

Kohlenhydrate wirken verschieden – Glykämischer Index

Kohlenhydrate erhöhen den Blutzucker. Abhängig von der Art des kohlenhydrathaltigen Lebensmittels erfolgt dieser Anstieg jedoch in unterschiedlicher Stärke und Geschwindigkeit. Der Glykämische Index (GLYX oder GI) vergleicht Dauer und Höhe des Blutzuckeranstiegs von

50 g Kohlenhydraten aus verschiedenen kohlenhydrathaltigen Lebensmitteln. Als Vergleichsgröße wurde die Wirkung von 50 g Traubenzucker mit dem Wert 100 festgelegt. Je höher der Glykämische Index, desto stärker und schneller ist die blutzuckersteigernde Wirkung. Der Einfluss kombinierter Mahlzeiten wird durch den Glykämischen Index jedoch nicht erfasst, denn die Werte gelten nur für das pur gegessene Lebensmittel. Zudem variieren sie von Mensch zu Mensch.

Glykämische Last

Mit dem Ziel, die tatsächlich aufgenommene Kohlenhydratmenge berücksichtigen zu können, wurde zusätzlich der Begriff der Glykämischen Last (GL) eingeführt. Die Formel für die Berechnung der Glykämischen Last lautet: GLYX/100 x Kohlenhydratgehalt der Portion in Gramm.

Durchblick bei BE/K(H)E, Kohlenhydratgehalt, GLYX und GL

Nebenstehende Tabelle gibt Ihnen einen Überblick zu Schätzeinheiten, Kohlenhydratgehalten, GLYX und Glykämischer Last ausgewählter kohlenhydrathaltiger Lebensmittel.
Wählen Sie bevorzugt Lebensmittel, bei denen der Wert für die Glykämische Last (GL) unter 7 liegt. Lebensmittel mit höherem GL-Wert essen Sie am besten nur in kleinen Portionen oder in kombinierten Mahlzeiten (s. S. 14). Dadurch entlasten Sie Ihren Blutzuckerspiegel.

Gehirn und Nerven brauchen Kohlenhydrate

Erwachsene haben einen täglichen Umsatz von 180 g Traubenzucker für die Versorgung von Hirn, Nerven und roten Blutkörperchen. Falls Sie zu wenig Kohlenhydrate essen, bildet der Körper den benötigten Zucker aus anderen Quellen. Bleiben Sie also gelassen, wenn es um die blutzuckersteigernde Wirkung der Kohlenhydrate geht! Denn Zucker wäre selbst dann im Blut, wenn Sie keine Kohlenhydrate essen.

Schätzeinheiten, Kohlenhydratgehalt, GLYX und Glykämische Last

Ausgewählte kohlenhydrathaltige Lebensmittel	diese Menge entspricht 1 Schätzeinheit BE/K(H)E	Kohlenhydratgehalt pro Schätzeinheit	GLYX*	Glykämische Last je 1 Schätzeinheit
Getreide – Getreideprodukte				
Cornflakes	15 g	12 g	84	10
Hafermehl	15 g	11 g	61	7
Maismehl	15 g	11 g	68	7
Mehrkornbrot	25 g	11 g	45	5
Müslimischung	15 g	10 g	52	5
Reiscrispies	12 g	10 g	82	8
Roggenschrot- und -vollkornbrot	25 g	10 g	58	6
Weißbrot	20 g	10 g	70	7
Weizenschrot- und -vollkornbrot	25 g	10 g	69	7
Kartoffeln – Reis – Nudeln				
Kartoffelbrei (Püreeflocken)	15 g	11 g	73	8
Kartoffeln, gebacken	60 g	11 g	83	9
Reis, natur	15 g	11 g	55	6
Reis, poliert	15 g	12 g	56	7
Spaghetti	15 g	11 g	41	5
Spaghetti, Vollkorn	15 g	10 g	37	4
Süßkartoffeln (Bataten)	45 g	11 g	54	6
Obst				
Ananas	85 g	11 g	66	7
Äpfel	90 g	10 g	36	4
Bananen	50 g	11 g	53	6
Birnen	85 g	11 g	36	4
Orangen	130 g	11 g	43	5
Rosinen	15 g	10 g	64	6
Wassermelonen	130 g	11 g	72	8
Weintrauben	70 g	11 g	52	6
Gemüse und Hülsenfrüchte				
Bohnen, grün	200 g	10 g	48	5
Bohnensamen, weiß, getrocknet	30 g	10 g	31	3
Erbsen, grün	100 g	11 g	48	5
Karotten	200 g	10 g	71	7
Kichererbsensamen, getrocknet	25 g	11 g	33	4
Linsensamen, getrocknet	25 g	10 g	29	3
Milch – Milchprodukte				
Joghurt, fettarm, gezuckert	75 g	10 g	33	3
Vollmilch	200 g	10 g	27	3
Zucker, Honig				
Fruchtzucker (Fructose)	10 g	10 g	23	2
Haushaltszucker (Saccharose)	10 g	10 g	65	7
Honig	12 g	10 g	73	7
Traubenzucker (Glukose)	10 g	10 g	100	10
Getränke				
Apfelsaft	90 g	11 g	41	5
Erfrischungsgetränke, zuckerhaltig	150 g	12 g	68	8
Orangensaft	120 g	11 g	57	6
»Sport«-Getränke	85 g	12 g	95	11
»Sonstiges«				
Erdnüsse	130 g	11 g	14	2
Kartoffel-Chips	25 g	10 g	54	5
Mais-Chips	20 g	12 g	73	9
Milchreis	45 g	10 g	61	6
Popcorn	15 g	10 g	55	6
Schokolade	20 g	11 g	49	5

* Glykämischer Index ist die Blutzuckerwirkung von 50 g Kohlenhydraten aus einem bestimmten Lebensmittel im Vergleich zu 50 g Glukose (Traubenzucker) = 100

Blutzucker und Stoffwechsel in Balance – »richtig« essen bei Diabetes

So wirken kombinierte Mahlzeiten

Da beim Diabetes Typ 2 die erste schnelle Insulinantwort fehlt (s. auch S. 6), können Sie den Stoffwechsel optimal entlasten, wenn Sie dafür sorgen, dass Kohlenhydrate nur langsam vom Darm ins Blut gelangen. Wählen Sie deshalb bevorzugt Lebensmittel mit niedriger Glykämischer Last (GL-Wert unter 7, s. S. 13). Sie können die Aufnahme von Stärke und Zucker noch zusätzlich verlangsamen oder »entschleunigen«, indem Sie kombinierte Mahlzeiten zusammenstellen, die aus vier verschiedenen Lebensmittelgruppen bestehen. Essen Sie beispielsweise stärkereiche Lebensmittel zusammen mit ballaststoffreichem Gemüse, gesunden Pflanzenölen und eiweißhaltigen Produkten. Zuckerhaltige Lebensmittel können Sie wunderbar als Dessert nach einer kombinierten Mahlzeit genießen.

Langsame Kohlenhydrate und Insulinwirkung

Wenn Sie mit Normalinsulin behandelt werden, dessen Wirkung ja erst 15 bis 30 Minuten nach dem Spritzen eintritt, sind langsame Kohlenhydrate auf dem Speiseplan in jedem Fall von Vorteil. Falls Sie zu den Mahlzeiten direkt wirksames Insulinanalogon spritzen, kann es bei langsamen Kohlenhydraten nötig sein, dieses Insulinanalogon erst zum Essen oder sogar danach zu spritzen, um Unterzuckerungen zu vermeiden. Besprechen Sie sich deswegen mit Ihrem Arzt oder Berater.

Hauptmahlzeiten – Zwischenmahlzeiten

Machen Sie es sich zur Gewohnheit, bei Ihren Hauptmahlzeiten so häufig wie möglich vier verschiedene Lebensmittelgruppen zu kombinieren. Essen Sie stärkehaltige Lebensmittel, wie Getreideprodukte und Kartoffeln, mit Gemüse oder Rohkost vermengt mit einer kleinen Portion hochwertigen Pflanzenöls und dazu als Ergänzung ein eiweißreiches Lebensmittel, wie Fisch, Fleisch oder ein Milchprodukt. Bei Zwischenmahlzeiten sollten Sie, wenn irgend möglich, mindestens zwei verschiedene Lebensmittelgruppen mischen, z. B. ein Stück Obst mit einem Naturjoghurt, einem Glas Buttermilch oder Milch. Solche Mahlzeiten entlasten nicht nur den Blutzuckerspiegel, sie machen auch länger satt und helfen dadurch beim Abnehmen und Gewichthalten.

Normalisieren Sie Ihr Gewicht dauerhaft

Vergessen Sie Werbeversprechen von drei Kilogramm Gewichtsabnahme in drei Tagen. Selbst wenn Ihnen das gelingen sollte – der Jo-Jo-Effekt ließe nicht lange auf sich warten. Wer sein Gewicht um zehn Kilogramm verringern will, sollte dafür mindestens zehn bis zwanzig Wochen einplanen. Denn eine wöchentliche Gewichtsabnahme von einem halben bis zu einem Kilogramm ist realistisch. Sie brauchen also neben der Motivation zu starten, auch eine tüchtige Portion Durchhaltevermögen. Langsame Kohlenhydrate in kombinierten Mahlzeiten können Ihnen helfen, konsequent zu sein, weil sie besser und länger satt machen. Natürlich kann auch mal eine Woche dazwischenkommen, in der Sie nichts abnehmen, weil Sie zu einem Fest eingeladen sind, weil Sie im Urlaub sind oder weil Sie Stress haben. In solchen Wochen ist es oft schon ein großer Erfolg, das neue Gewicht zu halten und nicht wieder zuzunehmen. Andererseits gehören solche Wochen zum normalen Leben, und es ist gut, wenn Sie von vornherein trainieren, sich durch geänderte Lebenssituationen nicht vom eigentlichen Vorhaben abbringen zu lassen. Behalten Sie Ihr Ziel weiter im Auge und machen Sie nach der »Ausnahmewoche« konsequent weiter mit Ihrem Programm.

Gefäßschutz durch gute Fette

Häufige Begleiterkrankungen des Diabetes Typ 2 sind Fettstoffwechselstörungen und Bluthochdruck. Beide Erkrankungen belasten das Herz-Kreislauf-System. Achten Sie deshalb sowohl auf die Menge wie auch auf die Qualität der Fette und Öle, die Sie verwenden. Nehmen Sie überwiegend hochwertige Pflanzenöle, wie Rapsöl, Olivenöl, Sojaöl, und Margarine ohne gehärtete Fette. 30 bis 40 g sichtbare Pflanzenfette und Öle am Tag reichen aus. Auch die Fette der Kaltwasserfische, wie Hering, Lachs und Makrele, schützen das Herz-Kreislauf-System. Ein bis zwei Fischmahlzeiten pro Woche sind deshalb ein Zusatzplus für Ihre Gesundheit.

Sparsam mit Salz

Salz enthält Natrium, das Wasser im Körper bindet und dadurch den Blutdruck erhöhen kann. Sie bemerken solche Wassereinlagerungen auch an geschwollenen Fingern und Knöcheln und nicht zuletzt auch auf der Waage. Nehmen Sie deshalb so wenig Salz wie möglich, zumal viele Lebensmittel, wie Brot, Käse und Wurst, ohnehin schon gesalzen sind. Verleihen Sie Ihren Speisen lieber mit Gewürzen und Kräutern geschmacklichen Pep. Kalium dagegen wirkt entwässernd, also als Gegenspieler von Natrium. Sorgen Sie unbedingt für eine gute Kaliumversorgung, indem Sie ausreichend Gemüse essen. Auch Kartoffeln sind eine gute Kaliumquelle, besonders wenn Sie als Pellkartoffeln auf den Tisch kommen. Dadurch entlasten Sie Ihren Blutdruck.

Kalium bei eingeschränkter Nierenfunktion

Wenn die Funktion der Nieren gestört ist, kann es notwendig werden, die Kaliumaufnahme zu drosseln. Besprechen Sie sich dann mit Ihrem Arzt oder Berater.

Harnsäurespiegel entlasten

Die Unordnung des Stoffwechsels bei Diabetes Typ 2 betrifft häufig auch den Harnsäuregehalt im Blut. Harnsäure ist das Abbauprodukt der Purine, den Bausteinen der Nukleinsäuren. Sie sind in Form von DNA (**D**esoxyribo**n**uclein**a**cid) Träger der Erbinformation. Purine sind Bestandteile pflanzlicher und tierischer Zellen. Besonders hohe Purinwerte haben Innereien und kleine Fische, wie Anchovis.

➤ Empfehlungen zur Entlastung des Harnsäurespiegels

- möglichst keine Innereien
- Fleisch, Geflügel, Fisch und Hülsenfrüchte in Maßen
- keine Fastenkuren
- keine kohlenhydratarme Diät
- ausreichende Wassermenge
- kein anaerobes Training mit Milchsäurebildung

Häufige Irrtümer rund ums Essen und Trinken

Diätprodukte sind für Diabetiker ohne Grenzen erlaubt

Diätprodukte für Diabetiker enthalten Zuckeraustauschstoffe und/oder Süßstoffe anstelle des üblichen Haushaltszuckers. Die Produkte tragen die Aufschrift »Zur speziellen Ernährung bei Diabetes mellitus **im Rahmen eines Diätplanes**«. Diätprodukte müssen also auch bei der Nährstoffberechnung berücksichtigt werden und ihre Grenze bestimmt der Diätplan.

Fruchtzucker ist gesünder als Haushaltszucker

Fruchtzucker hat einen niedrigeren Glykämischen Index als Haushaltszucker. Trotzdem gilt für beide Zuckerarten eine maximale Tageshöchstmenge von 40 g. Denn zu viel Zucker erhöht nicht nur das Körpergewicht, sondern auch die Triglyzeride (Fette) im Blut. Diese würden eine Gefäßverkalkung beschleunigen und das Blut dickflüssig werden lassen.

Saft ohne Zuckerzusatz ist ein geeignetes Getränk für Diabetiker

Die Angabe »ohne Zuckerzusatz« bedeutet lediglich, dass dem Saft kein zusätzlicher Haushaltszucker hinzugefügt wurde. Trotzdem enthält Saft je nach Fruchtsorte 6 bis 12 g fruchteigenen Zucker pro 100 ml und sollte deshalb ebenfalls mit Bedacht getrunken werden.

»Light«-Käse helfen in jedem Fall beim Abspecken

»Light«-Käse enthalten etwa 17 % Gesamtfett, das entspricht 30 % Fett in Trockenmasse. Nur wer eine Scheibe vollfetten Käse mit 45 % Fett in Trockenmasse durch eine gleich schwere Scheibe »Light«-Käse ersetzt, kann Kalorien sparen. Wenn die Scheiben 25 g wiegen, sind es übrigens etwa 20 kcal, die Sie sparen können.

Bei Gemüse kann man nichts falsch machen, davon kann man essen, so viel man will

Es gibt kein Lebensmittel, das man ohne Grenze essen kann. Man nimmt an Gewicht zu, wenn man mehr isst, als man braucht. Selbst wenn es ganz gesundes Gemüse ist.

Bananen haben mehr Zucker als Äpfel

Das stimmt nur, wenn man 100-g-Portionen vergleicht. Eine kleine Banane wiegt ohne Schale ungefähr 100 g und enthält etwa 21 g Zucker, ein schöner großer Apfel wiegt ohne Kerngehäuse über 200 g und enthält dann 23 g Zucker.

Putenfleisch hat weniger Kalorien als Schweinefleisch

Stimmt nur, wenn man Putenfleisch mit fetten Schweinefleischstücken, wie Schweinenacken, vergleicht. Magere Fleischstücke von der Pute haben dagegen etwa gleich viele Kalorien wie magere Fleischstücke vom Schwein. Beispielsweise liefern 100 g Putenbrustfleisch 105 kcal und 100 g Schweineschnitzel 106 kcal.

Wenn man Obst anstelle von Süßigkeiten isst, nimmt man ab

Wer z. B. eine große Nektarine mit etwa 200 g anstelle eines Riegels Schokolade mit 20 g isst, ernährt sich zwar fettärmer und nimmt mehr Vitamine und Mineralstoffe auf, die Kalorien sind jedoch gleich.

Essen nach 18 Uhr macht dick

Auch hier gilt: Man nimmt nur dann an Gewicht zu, wenn man mehr isst, als man verbraucht. Die Uhrzeit ist dabei egal. Also Entwarnung für alle, die erst nach 18 Uhr essen können oder wollen.

Das wichtige Begleitprogramm

Bewegung tut gut – nutzen Sie jede Chance

Um zusätzliche Kalorien zu verbrennen, ist jede noch so kleine Aktivität wirkungsvoll. Denn die Summe aller Bewegungen führt zum Ziel. Auch eine Steigerung der ganz normalen Alltagsbewegungen ist ein Baustein zum Erfolg. Machen Sie es sich doch zum Grundsatz, alle Dinge, die Sie brauchen, selbst zu holen – getreu dem Motto »jeder Gang macht schlank«. Steigen Sie Treppen, anstatt Fahrstuhl oder Rolltreppe zu benutzen, fahren Sie kleine Strecken mit dem Rad statt mit dem Auto oder gehen Sie zu Fuß. Wenn Sie öffentliche Verkehrsmittel benutzen, gehen Sie doch einen Teil der Strecke zu Fuß und steigen Sie eine Haltestelle später ein oder früher aus.

Starten Sie durch und sorgen Sie für die richtige Energiebilanz

Richtig ist, dass der Körper permanent Fette und Kohlenhydrate verbrennt. Vergessen Sie also alles, was Sie vielleicht einmal über den »richtigen Puls« für eine ideale Fettverbrennung gehört haben. Man liest auch immer wieder, die Fettverbrennung setze erst nach 30 Minuten ein. Das führt manchmal dazu, dass Menschen, die nur eine 20-minütige Pause haben, keinen Spaziergang machen, weil sie denken, der bringe sowieso nichts. Ob Bewegung beim Abnehmen und Gewichthalten hilft, ist einzig von der Energiebilanz abhängig. Wenn Sie weniger Kalorien aufnehmen als Sie durch Muskelarbeit verbrauchen, ist die Energiebilanz negativ. Und das ist sehr positiv für alle Abnehmwilligen, denn das bedeutet, es fehlt zugeführte Energie für die notwendigen Arbeiten und Ihr Körper muss ran an den eigenen Speck.

Optimale Trainingsplanung

Am besten planen Sie die Bewegung vor dem Essen ein, dann trainieren Sie nicht mit vollem Bauch. Zusätzlich können Sie den Nachbrenneffekt nutzen, indem Sie frühestens eine Stunde nach dem Sport etwas essen. Sportmediziner empfehlen heutzutage außerdem einen Mix aus Ausdauerbewegung und Muskelkräftigung: beispielsweise Bewegungseinheiten, wie Gehen, Radfahren oder Schwimmen, im Wechsel mit muskelkräftigenden Einheiten, wie Gymnastik oder Gerätetraining.

Kalorienverbrauch nicht überschätzen

Bewegung hilft nur dann beim Abnehmen und Gewichthalten, solange man die notwendige Trainingsdauer für eine kleine Nascherei zwischendurch nicht unterschätzt. Wer beispielsweise zusätzlich 30 g Käse aus dem Kühlschrank nascht, müsste 22,5 Minuten gehen, um die etwa 120 kcal wieder abzutrainieren. Ein Riegel Schokolade, der etwas über 100 kcal liefert, wäre nach 30 Minuten Tanzen mal gerade eben wieder verbraucht.

➤ Umsatz an Kilokalorien bei verschiedenen Aktivitäten in 15 Minuten

› Brustschwimmen	160 kcal
› Gehen/Walken	80 kcal
› Golf spielen	85 kcal
› Laufen (11 km/Std.)	190 kcal
› Radfahren (15 km/Std.)	100 kcal
› Tanzen	50 kcal

Aller Anfang ist schwer

Wer sich voller Motivation gleich von null auf hundert betätigt, macht nach dem ersten Versuch vielleicht lange nichts mehr, weil alles weh tut. Überlasten Sie sich nicht, sondern fangen Sie mit zunächst kleineren Bewegungseinheiten an und trainieren Sie täglich. Das nimmt so manche unnötige Hürde. Starten Sie mit einer Bewegungsdauer, die Sie in jedem Fall gut bewältigen können – z. B. zehn Minuten. Gehen Sie fünf Minuten in eine Richtung, drehen Sie um und gehen Sie fünf Minuten zurück. Auf diese Weise überfordern Sie sich keinesfalls. Steigern Sie nun langsam und konsequent die Trainingsdauer. Wenn Sie wieder mehr Kondition haben, können Sie die Trainingsintensität steigern, indem Sie Intervalle einlegen, bei denen Sie schneller gehen, eine Strecke wählen, die ein paar Steigungen hat oder sogar ein paar Sprints einlegen. Je geübter Sie sind, desto mehr kommt die Lust auf mehr Bewegung.

Bleiben Sie gelassen

Es ist wichtig, unnötige Stressoren zu vermeiden. Aufregung, Ärger und Belastungen wirken sich infolge der Ausschüttung des Stresshormons Adrenalin ungünstig auf die Stoffwechselsituation aus; durch seine blutzuckersteigernde Wirkung, besonders auf die von Menschen mit Diabetes.

Medikamente als Begleiter der Basistherapie

Wenn die Kombination aus Änderung des Ernährungsstils und des Bewegungsverhaltens nicht ausreicht, um den Stoffwechsel in den Griff zu bekommen, wird Ihr Arzt den gezielten Einsatz von Medikamenten erwägen. Zur Verfügung stehen Tabletten mit unterschiedlicher Wirkung auf den Stoffwechsel sowie verschiedene Insuline. Besprechen Sie mit Ihrem Arzt ausführlich, welche Medikamente für Sie sinnvoll sind und welche zu Ihrer persönlichen Lebenssituation am besten passen.

Gehen Sie regelmäßig zu den empfohlenen Kontrolluntersuchungen

Zum richtigen Begleitprogramm gehören auch die ärztlichen Kontrollen. Nehmen Sie diese Termine in Absprache mit Ihrem behandelnden Arzt regelmäßig wahr. Diabetikern wird empfohlen, bestimmte Kontrollen alle drei Monate und zusätzlich verschiedene Untersuchungen mindestens einmal jährlich durchführen zu lassen.

➤ Vier wichtige Kontrollen bei Diabetes mellitus Typ 2

1. Alle drei Monate die Messung des HbA1c-Wertes, des Körpergewichts, des Blutdrucks sowie Fußkontrolle
2. Mindestens einmal im Jahr Kontrolle des Stoffwechsels mit Überprüfung von Blutfetten, Harnsäure und Nierenfunktion sowie EKG
3. Mindestens einmal im Jahr ein Termin für die augenärztliche Untersuchung des Augenhintergrunds
4. Mindestens einmal im Jahr ein Termin für eine zahnärztliche Untersuchung.

Essen und Trinken im Tagesrhythmus

Versorgen Sie sich gleichmäßig über den Tag mit drei Hauptmahlzeiten und, falls erforderlich, zusätzlich mit zwei bis drei Zwischenmahlzeiten. Wählen Sie möglichst natürliche und vollwertige Lebensmittel aus. Vorschläge für angemessene Tages-Portionen finden Sie in den Texten zur Lebensmittel-Pyramide in der hinteren Umschlagklappe. Stellen Sie Ihre Mahlzeiten nach den Tipps in der vorderen Klappe dieses Buchs und den Rezepten ab S. 22 zusammen. So bleibt Ihr Blutzucker stabil und die Leistungskurve sackt nicht ab.

Frühstück

Nach der nächtlichen Fastenzeit sind die Energiespeicher der Leber erschöpft. Die erste Mahlzeit des Tages soll die Speicher wieder füllen und für einen guten Start sorgen. Wer gern herzhaft frühstückt, kann Vollkornbrot mit Käse und einer Portion Rohkost kombinieren. Für alle, die ein süßes Frühstück bevorzugen, ist ein Müsli aus Getreideflocken, Milch oder Joghurt ergänzt durch ein Stück Obst und einige Mandeln oder Nüsse ideal.

Vormittag

Nicht jeder braucht ein zweites Frühstück. Wer mit Insulin behandelt wird, sollte mit seinem Arzt oder Berater besprechen, ob diese Zwischenmahlzeit am Vormittag nötig ist. Für alle anderen gilt: Nur wer echten Hunger hat, sollte eine kleine Zwischenmahlzeit essen. Ideal ist eine Kombination aus einem Milchprodukt und einem Stück Obst.

Mittagessen – warme Mahlzeit oder Brotzeit

Ob warm oder kalt, kombinieren Sie in jedem Fall stärkehaltige Lebensmittel, wie Nudeln, Reis, Bulgur oder Kartoffeln, mit einer großen Portion Gemüse oder Salat und ergänzen Sie dies durch eine kleine Portion eines eiweißhaltigen Nahrungsmittels, wie Fisch, Fleisch, Hülsenfrüchte oder ein Milchprodukt. Verwenden Sie für die Zubereitung kleine Mengen hochwertiger Pflanzenöle, wie Rapsöl, Sojaöl, Olivenöl.

Nachmittag

Für die Zwischenmahlzeit am Nachmittag gelten dieselben Empfehlungen wie für das zweite Frühstück. Sie brauchen nicht zu essen, wenn Sie vom Mittagessen noch ausreichend gesättigt sind und nicht die Art der Insulintherapie eine Zwischenmahlzeit nötig macht.

Abendessen – Abendbrot oder warme Mahlzeit

Auch beim Abendessen sollten Sie dieselben Tipps zur Lebensmittelkombination beherzigen wie beim Mittagessen. Beim Abendbrot sind Vollkornbrot mit Käse oder Schinken, ergänzt durch eine große Portion Salat mit Öldressing empfehlenswert. Wenn Sie abends warm essen, wählen Sie die Zusammenstellung einfach genauso wie beim Mittagessen. Wer lange wach und aktiv ist, braucht eventuell eine Spätmahlzeit. Ein Milchprodukt ist dann ideal.

Mahlzeiten außer Haus

Auch wenn Sie in der Kantine oder im Restaurant essen, können Sie sich an den Tipps für kombinierte Mahlzeiten orientieren. Also zu den stärkehaltigen Lebensmitteln immer reichlich Salat oder Gemüse wählen und ein eiweißhaltiges Lebensmittel als Ergänzung. Wird das Essen als Buffet angeboten, ist die Auswahl noch einfacher – Sie wählen die Lebensmittel dann so aus, wie Sie es zu Hause auch tun würden.

Insulingebrauch außer Haus
Besprechen Sie mit Ihrem Arzt oder Berater, wie Sie Ihr Mahlzeiteninsulin beim Essen außer Haus am besten anwenden.

Vermeiden Sie Unterzucker

Schon bei Blutzuckerwerten von 80 mg/100 ml (unter 4,4 mmol/l) meldet sich das Gehirn mit ersten Symptomen einer Unterzuckerung (Hypoglykämie). Wie deutlich und rechtzeitig Sie diese Symptome wahrnehmen können, ist unter anderem von der Geschwindigkeit des Blutzuckerabfalls abhängig. Je langsamer der Blutzuckerabfall, desto schwieriger lässt er sich selbst erkennen. Informieren Sie deshalb Familie, Freunde und Kollegen über die Unterzuckerungssymptome, die man bei Ihnen bemerken kann: beispielsweise die blasse Hautfarbe, das Zusammenkneifen eines Auges wegen der Doppelbilder oder die Gereiztheit.

Typische Anzeichen für Unterzucker sind Heißhunger, Unkonzentriertheit, weiche Knie, Sehstörungen (Doppelbilder), kalter Schweiß, blasse Gesichtsfarbe, zittrige Stimme (teilweise lallig wie nach Alkoholkonsum), unerklärliche Gereiztheit bis hin zu Aggressivität.

Blutzuckerwerte unter 60 mg/100 ml (unter 3,3 mmol/l) können zu Bewusstlosigkeit führen und müssen deshalb unbedingt rechtzeitig behandelt werden.

Sofortmaßnahmen bei ersten Anzeichen von Unterzucker – sofort schnelle Kohlenhydrate essen oder trinken
- 4 Täfelchen Traubenzucker essen oder
- 200 ml zuckerhaltiges Getränk, wie Saft, Limonade oder Ähnliches, trinken.

Wenn Ihr Diabetes ohne Medikamente und ohne Insulin behandelt wird, kann der Blutzucker unter 80 mg/100 ml sinken, jedoch nicht unter 60 mg. Sie brauchen in diesem Fall auch keinen Traubenzucker oder andere schnelle Kohlenhydrate als eiserne Reserve bei sich tragen. Nur falls Sie mit Medikamenten behandelt werden, die bewirken, dass die Bauchspeicheldrüse mehr Insulin bereitstellt, oder wenn Sie Insulin spritzen, kann der Blutzucker so weit absinken, dass Sie ohnmächtig werden.

Versäumen Sie nicht, Ihren Arzt über auftretende Unterzuckerungen zu informieren – auch wenn es nur leichte Unterzuckerungen sind. Besonders wenn diese wiederholt auftreten, ist häufig eine Anpassung der Medikamentendosis nötig.

Mögliche Ursachen für das Auftreten einer Unterzuckerung können sein:
- Zu wenig Kohlenhydrate gegessen
- Zu langer Abstand zur letzten Mahlzeit
- Zu viel Insulin gespritzt
- Zu langer Abstand zwischen Medikament oder gespritztem Insulin und Mahlzeit
- Mehr Bewegung – nicht nur Sport, auch Gartenarbeit, Fensterputzen, Tanzen
- Gehemmte körpereigene Zuckerbildung durch zu viel Alkohol, weil Alkohol ein Lebergift ist und bevorzugt abgebaut wird

Garantiert diabetesgerecht – **kochen auf die Schnelle** und **viel Zeit zum Genießen**

In maximal einer halben Stunde kann ein leckeres Essen auf dem Tisch stehen, das trotzdem kohlenhydrat- und kalorienbewusst ist. Das beweisen die nun folgenden Rezeptideen. Keines der Gerichte ist kompliziert, manche sind vielleicht ein bisschen exotisch, weil Abwechslung den Alltag verschönert.

Ob für zwei oder die Familie, für Gäste und Feste – an Abwechslung fehlt es bei diesen Rezepten nicht: Ideen fürs Frühstück, für Snacks, Drinks, Salate, Suppen und andere kleine Gerichte ebenso wie für Hauptmahlzeiten aus der vegetarischen Küche oder mit Fleisch oder Fisch und zum Schluss für süße Leckereien. Sie garantieren Freude am Essen und Genuss. Dabei kommen die Rezepte nicht nur Diabetikern, sondern allen zugute, die sich gesund, kalorienarm und ohne großen Zeitaufwand ernähren möchten.
Die Angaben zu den Nährwerten, zum Kohlenhydratgehalt sowie zu KE und BE erleichtern es, den Überblick zu behalten.

Quark mit Früchten

und Cornflakes

FÜR 2 PERSONEN

1 Bio-Orange
250 g Magerquark
50 ml Milch, 1,5 % Fett
1 TL flüssiger Honig
2 EL Orangensaft
1 Apfel
2 getrocknete Datteln
4 EL Vollkorn-Cornflakes
frische Minzeblättchen

ZUBEREITUNG: ca. 20 Min.

1. Die Orange heiß waschen, trocken reiben und von der Schale ½ TL fein abreiben. Den Quark in einer Rührschüssel mit Milch, Honig, Orangenschale und Orangensaft cremig rühren.

2. Den Apfel waschen, mit oder ohne Schale vierteln, das Kerngehäuse mit Stiel herausschneiden. Die Viertel in kleine Würfel schneiden.

3. Die Orange schälen, dabei die weiße Haut mit abschneiden. Die Filets aus den Trennhäuten lösen. Die Datteln evtl. entsteinen und klein würfeln. Früchte mischen und 2 EL Früchte als Deko zurückbehalten. Übrige Früchte mit den Cornflakes unter den Quark heben und auf zwei Schüsseln verteilen. Minzeblättchen waschen, trocken tupfen. Die zurückbehaltenen Früchte darauf verteilen. Quark mit Minze garniert sofort servieren, damit die Cornflakes knusprig bleiben.

TIPP

Am besten immer frische Früchte der Saison verwenden: Birne oder Pfirsich, Pflaumen oder Kirschen, Brombeeren oder Babyananas.

VARIANTE

Für ein Müsli mit Quark, Apfel und Nüssen: 50 g (6 EL) zarte Haferflocken in eine Schüssel geben. 200 ml fettarme Milch erhitzen und über die Haferflocken gießen, 10 Min. quellen lassen. 1 großen säuerlichen Apfel oder 2 kleine Äpfel schälen und grob raspeln. 2 EL Walnusskerne hacken. 125 g Magerquark unter die Haferflocken rühren. Äpfel und Nüsse unterheben. Das Müsli auf zwei Schüsselchen verteilen. Über jede Portion ½ TL flüssigen Honig träufeln und je 1 Msp. Zimtpulver aufstreuen.

Nährwerte pro Portion:

230 kcal • **19 g** Eiweiß • **1 g** Fett • **35 g** Kohlenhydrate • **3 g** Ballaststoffe • ca. **3** KE/BE

Vollkornbrot mit Dill-Hüttenkäse und Radieschen

FÜR 2 PERSONEN
200 g Hüttenkäse
1 EL fein gehackter TK-Dill
Salz, Pfeffer
6 Radieschen
2 Scheiben Vollkornbrot
frische Dillspitzen

ZUBEREITUNG: ca. 10 Min.

1. Den Hüttenkäse mit Dill verrühren, mit Salz und Pfeffer abschmecken. Die Radieschen waschen und putzen. 4 Radieschen klein würfeln und unter den Hüttenkäse mischen. 2 Radieschen in dünne Scheiben schneiden.

2. Die Brotscheiben mit dem Hüttenkäse bestreichen und mit Radieschenscheiben belegen. Dill waschen, trocken schütteln. Brote nach Geschmack mit Salz und Pfeffer bestreuen, mit Dillspitzen garnieren.

Nährwerte pro Portion:
200 kcal • **22 g** Eiweiß • **5 g** Fett • **21 g** Kohlenhydrate • **3 g** Ballaststoffe • ca. **2** KE/BE

Knäckebrot mit Schinken, Meerrettich und Möhre

FÜR 2 PERSONEN
2 EL saure Sahne
2 TL Meerrettich aus dem Glas
Salz, Pfeffer
1 mittelgroße Möhre
1 TL Zitronensaft
4 Scheiben Vollkornknäckebrot
2 große Scheiben Putenschinken
frische Petersilienblättchen

ZUBEREITUNG: ca. 15 Min.

1. Die saure Sahne mit dem Meerrettich verrühren und mit Salz und Pfeffer abschmecken. Die Möhre schälen, fein raspeln und mit Zitronensaft und 1 Prise Salz würzen.

2. Die Knäckebrotscheiben mit der Meerrettichsahne bestreichen. Die geraspelten Möhren auf den Brotscheiben verteilen. Den Putenschinken in breite Streifen schneiden und auf die Möhren legen. Petersilie waschen, trocken tupfen. Die Knäckebrotscheiben mit Petersilie garnieren und sofort servieren.

Nährwerte pro Portion:
120 kcal • **7 g** Eiweiß • **2 g** Fett • **17 g** Kohlenhydrate • **4 g** Ballaststoffe • ca. **1½** KE/BE

Vinschgauer mit Rucola und Schinken

FÜR 2 PERSONEN

2 kleine Vinschgauer
40 g Frischkäse, fettreduziert
2 TL grobkörniger Senf
16–20 Rucolablätter
1 Scheibe gekochter Schinken
4 Cornichons
4 Cocktailtomaten

ZUBEREITUNG: ca. 10 Min.

1. Die Vinschgauer halbieren. Frischkäse und Senf miteinander verrühren und die unteren Brötchenhälften damit bestreichen. Die Rucolablätter waschen, zwischen Küchenpapier trocken tupfen. Harte Stängel abschneiden. Den Rucola auf dem Frischkäse verteilen.

2. Je ½ Scheibe Schinken darauflegen. Die Cornichons längs in dünne Scheiben schneiden. Die Cocktailtomaten waschen und halbieren. Cornichons und Tomaten auf dem Schinken dekorativ anrichten und die oberen Brötchenhälften auflegen.

Nährwerte pro Portion:

280 kcal • **13 g** Eiweiß • **6 g** Fett • **43 g** Kohlenhydrate • **4 g** Ballaststoffe • ca. **3½** KE/BE

Brötchen mit Mozzarella und Paprika

FÜR 2 PERSONEN

2 Vollkornbrötchen
4 TL Tomatenmark
12 Basilikumblätter
1 Kugel Mozzarella, fettreduziert, 125 g
Salz, Pfeffer
1 rote Paprikaschote

ZUBEREITUNG: ca. 10 Min.

1. Die Brötchen halbieren und die unteren Hälften mit Tomatenmark bestreichen. Mit Basilikumblättern belegen. Mozzarella in acht Scheiben schneiden. Jeweils vier Scheiben auf das Basilikum legen, mit Salz und Pfeffer bestreuen.

2. Die Paprikaschote halbieren, putzen, waschen, in feine Streifen schneiden und auf dem Mozzarella verteilen. Die oberen Brötchenhälften auflegen.

Nährwerte pro Portion:

215 kcal • **17 g** Eiweiß • **7 g** Fett • **21 g** Kohlenhydrate • **3 g** Ballaststoffe • ca. **2** KE/BE

Ei im Glas mit Räucherlachs

Für 2 Personen

2 Eier (Größe M)
2 Scheiben Räucherlachs
2 Stängel Dill
2 TL Rapsöl
Zitronensaft
je 1 Msp. mittelscharfer Senf und Meerrettich aus dem Glas
Salz, Pfeffer
Zucker

ZUBEREITUNG: ca. 20 Min.

1. Die Eier in 6–7 Min. wachsweich kochen, kalt abschrecken, in ein Küchentuch wickeln und warm halten. Inzwischen den Lachs würfeln, den Dill waschen, trocken schütteln und die Blättchen hacken.
2. Rapsöl mit einigen Tropfen Zitronensaft, Senf und Meerrettich verschlagen und die Vinaigrette mit Salz, Pfeffer und 1 Prise Zucker würzen. Den Dill unterrühren. Die Eier schälen und jedes in ein vorgewärmtes Glas geben. Gewürfelten Lachs daraufgeben und mit der Vinaigrette beträufeln.

TIPP

Dazu gibt es pro Person 1 Kornspitz (50 g, + 2 KE).

Nährwerte pro Portion:

205 kcal • **14 g** Eiweiß • **16 g** Fett • **2 g** Kohlenhydrate • **0 g** Ballaststoffe • ca. < 1/4 KE/BE

Verstecktes Ei im Salatblatt

FÜR 2 PERSONEN

2 Romana-Salatherzen
2 Tomaten
100 g Salatgurke
2 TL Aceto balsamico
Salz, Pfeffer
3 TL Olivenöl
2 Eier (Größe M)
½ Bund Schnittlauch

ZUBEREITUNG: ca. 20 Min.

1. Den Salat waschen. Zwei größere Blätter beiseitelegen. Den übrigen Salat in schmale Streifen schneiden, auf zwei Teller verteilen. Tomaten waschen, halbieren und ohne Stielansätze würfeln.
2. Die Gurke waschen, würfeln und mit den Tomaten auf dem Salat verteilen. Essig, Salz, Pfeffer und 2 TL Öl verrühren und über den Salat träufeln. Jeweils ein Salatblatt auflegen.
3. In einer beschichteten Pfanne ½ TL Öl mittelstark erhitzen. 1 Ei aufschlagen, hineingleiten lassen. Die Pfanne schräg halten, sodass das Ei an den Pfannenrand rutscht, das Eiweiß darüberfließt und den Dotter bedeckt. Das Ei vorsichtig umdrehen, kurz braten und auf eines der Salatblätter schieben. Schnittlauch waschen, in Röllchen schneiden. Ei mit Salz, Pfeffer und Schnittlauchröllchen bestreuen. Das zweite Ei mit ½ TL Öl ebenso braten und anrichten.

TIPP

Dazu je 1 Scheibe Vollkorntoast (45 g, + 2 KE) essen.

Nährwerte pro Portion:

180 kcal • **9 g** Eiweiß • **14 g** Fett • **4 g** Kohlenhydrate • **1 g** Ballaststoffe • ca. ¼ KE/BE

Rührei mit Tomaten und Basilikum

FÜR 2 PERSONEN

2 Eier (Größe M)
50 ml Milch, 1,5 % Fett
Salz, Pfeffer
frisch geriebene Muskatnuss
8 Cocktailtomaten
1 EL Pinienkerne
1 TL Olivenöl
8 Basilikumblätter

ZUBEREITUNG: ca. 15 Min.

1. Die Eier aufschlagen und mit der Milch verquirlen. Mit Salz, Pfeffer und 1 Prise Muskat würzen. Die Cocktailtomaten waschen und halbieren.
2. Eine beschichtete Pfanne mittelstark erhitzen und die Pinienkerne ohne Fett darin hellbraun rösten. Pinienkerne zur Seite stellen.
3. Anschließend das Öl in der Pfanne mittelstark erhitzen, die Cocktailtomaten darin mit den Schnittflächen nach unten 1 Min. anbraten. Die Eier darübergießen und unter gelegentlichem leichten Rühren stocken lassen.
4. Basilikum waschen, trocken tupfen. Rührei auf zwei Teller verteilen und mit Pinienkernen und Basilikum bestreuen.

TIPP

Zu jeder Portion gibt es 1 Scheibe Vollkornbaguette (30 g, + 1½ KE).

Nährwerte pro Portion:

165 kcal • **9 g** Eiweiß • **12 g** Fett • **3 g** Kohlenhydrate • **0 g** Ballaststoffe • ca. ¼ KE/BE

Süße Tramezzini mit Bananencreme und Erdbeeren

FÜR 2 PERSONEN

- 120 g Magerquark
- 1 TL Bourbon-Vanillezucker
- 1 TL Zitronensaft
- ½ reife Banane
- 8 große Erdbeeren
- 4 Scheiben Vollkorn-Sandwichbrot
- 8 Zitronenmelisseblättchen

ZUBEREITUNG: ca. 15 Min.

1. Den Quark mit Vanillezucker und Zitronensaft in einem Schüsselchen verrühren.

2. Die Banane mit einer Gabel zerdrücken und unter den Quark mischen. Die Erdbeeren waschen, trocken tupfen, entkelchen und in dünne Scheiben schneiden.

3. 2 Brotscheiben mit der Hälfte der Bananencreme bestreichen, mit den Erdbeeren belegen. Die Hälfte der Zitronenmelisseblättchen auf die Erdbeeren legen.

4. Die restliche Bananencreme aufstreichen. Übrige Melisseblättchen auflegen, leicht eindrücken. Die beiden letzten Brotscheiben auflegen, leicht andrücken und die Tramezzini diagonal in Dreiecke schneiden.

TIPP

Die übrige ½ Banane können Sie kombiniert mit einem Milchprodukt als Zwischenmahlzeit essen.

VARIANTE

Andere Früchte, wie Nektarinenscheiben oder Mandarinenspalten, eignen sich ebenfalls zum Füllen.

Nährwerte pro Portion:

240 kcal • **14 g** Eiweiß • **3 g** Fett • **38 g** Kohlenhydrate • **4 g** Ballaststoffe • ca. **3** KE/BE

Tramezzini mit Lachs und Gemüse

FÜR 2 PERSONEN

20 g Frischkäse, fettreduziert
1 TL Meerrettich aus dem Glas
4 Scheiben Vollkorn-Sandwichbrot
1 mittelgroße Möhre
¼ Fenchelknolle
½ Stange Staudensellerie
1 EL gehackte Petersilie
1 EL saure Sahne
1 TL Zitronensaft
Salz, Pfeffer
½ TL gemahlener Koriander
1 Mini-Gurke
4 Stängel Dill
2 Scheiben Graved Lachs, 50 g

ZUBEREITUNG: ca. 25 Min.

1. Frischkäse mit Meerrettich verrühren und die Brotscheiben dünn damit bestreichen. Die Möhre schälen, Fenchel und Sellerie putzen und waschen. Alles Gemüse im Blitzhacker nicht zu fein zerkleinern. Mit Petersilie, saurer Sahne, Zitronensaft, Salz, Pfeffer und Koriander würzen.

2. Die Gurke waschen, abtrocknen und in dünne Scheiben schneiden. Dill waschen, Blättchen von den Stielen zupfen.

3. 2 Sandwichbrotscheiben mit der Gemüsecreme bestreichen, mit Lachs, Dill und Gurkenscheiben belegen. Die übrigen beiden Brotscheiben mit der bestrichenen Seite nach unten darauflegen, leicht andrücken. Die Brote diagonal in Dreiecke schneiden und servieren.

TIPP

Als Pausensnack zum Mitnehmen sind Tramezzini ideal. In Frischhaltefolie wickeln und in einer Kunststoffbox transportieren.

Nährwerte pro Portion:

245 kcal • **12 g** Eiweiß • **8 g** Fett • **31 g** Kohlenhydrate • **3 g** Ballaststoffe • ca. **2½** KE/BE

Tramezzini mit Pilzpaste und Lachsschinken

FÜR 2 PERSONEN

6 Scheiben Vollkorntoast
1 EL Pesto (Fertigprodukt)
200 g Champignons
1 Schalotte
1 kleine Knoblauchzehe
2 TL Olivenöl
1 EL Sherry (ersatzweise 1 TL Zitronensaft)
Salz, Pfeffer
1 TL getrockneter Thymian
1 EL Frischkäse, fettreduziert
4 Scheiben Lachsschinken
4 Stängel glatte Petersilie

ZUBEREITUNG: ca. 20 Min.

1. Alle Toastscheiben sehr dünn mit Pesto bestreichen. Die Pilze putzen und grob hacken. Schalotte und Knoblauch schälen, fein würfeln. Das Öl in einer Pfanne mittelstark erhitzen. Schalotten und Knoblauch darin glasig braten. Pilze unterrühren und mitbraten.

2. Den Sherry zugießen und alles 2 Min. dünsten, bis die Flüssigkeit verdampft ist. Mit Salz, Pfeffer und Thymian abschmecken. Mit dem Pürierstab zerkleinern. Frischkäse unterrühren.

3. 2 Toastscheiben mit je 1 Scheibe Schinken belegen, mit der Hälfte der Pilzcreme bestreichen, 2 weitere Toastscheiben mit dem Pestoaufstrich nach unten auflegen. Die Oberflächen mit der restlichen Pilzcreme bestreichen, mit Petersilienblättchen und je 1 Scheibe Schinken belegen. Die übrigen beiden Toastscheiben mit Pesto nach unten auflegen, leicht andrücken und die Brote in Dreiecke schneiden.

TIPP

Natürlich können auch andere Pilze, wie Pfifferlinge, Steinpilze, Shiitakepilze oder auch Trockenpilze, für diese Tramezzini verwendet werden. Diese mindestens 1 Std. vor der Zubereitung in reichlich kaltem Wasser einweichen.

Nährwerte pro Portion:

310 kcal • **20 g** Eiweiß • **12 g** Fett • **29 g** Kohlenhydrate • **2 g** Ballaststoffe • ca. **2½** KE/BE

Gouda-Tomaten-Toast

FÜR 2 PERSONEN
6 getrocknete, in Öl eingelegte Tomaten
4 Scheiben Vollkorntoast
2 Scheiben Gouda
4 grüne Oliven ohne Stein
6 Basilikumblätter

ZUBEREITUNG: ca. 15 Min.

1. Die getrockneten Tomaten leicht abtropfen lassen und fein hacken. 2 Toastscheiben mit der Hälfte der Tomaten bestreuen und mit dem Käse belegen. Die Oliven in dünne Ringe schneiden, mit den übrigen Tomaten auf dem Käse verteilen. Mit 4 Basilikumblättern belegen. Die übrigen Toastscheiben auflegen.

2. Die Brote zusammendrücken und im Sandwichtoaster (oder in einer leicht eingeölten Pfanne von beiden Seiten) toasten. Die Brote diagonal halbieren, mit übrigem Basilikum garnieren.

Nährwerte pro Portion:
255 kcal • **11 g** Eiweiß • **13 g** Fett • **18 g** Kohlenhydrate • **0 g** Ballaststoffe • ca. **1½** KE/BE

Schinken-Birnen-Vollkornbrot

FÜR 2 PERSONEN
4 Scheiben Vollkornbrot
40 g Pfefferfrischkäse, fettreduziert
4 Scheiben Lachsschinken, 30 g
1 kleine reife Birne
½ TL Zitronensaft
2 Romanasalatblätter

ZUBEREITUNG: ca. 15 Min.

1. Die Brote mit Frischkäse bestreichen, auf 2 Scheiben je 2 Scheiben Lachsschinken legen. Die Birne schälen, halbieren, Stiel und Kerngehäuse entfernen und die Birnenhälften in große, dünne Scheiben schneiden.

2. Die Birnenscheiben mit Zitronensaft beträufeln, auf den Lachsschinken legen. Mit den Salatblättern bedecken. Die übrigen 2 Scheiben Vollkornbrot mit dem Frischkäse nach unten auflegen und die Brote in der Mitte durchschneiden.

Nährwerte pro Portion:
325 kcal • **15 g** Eiweiß • **8 g** Fett • **49 g** Kohlenhydrate • **7 g** Ballaststoffe • ca. **4** KE/BE

Puten-Paprika-Sandwich

FÜR 2 PERSONEN

1 gelbe Paprikaschote
2 Frühlingszwiebeln
1 Stück Salatgurke, ca. 3 cm
4 dünne Scheiben Vollkornbrot
40 g Kräuterquark, Magerstufe
4 Stängel glatte Petersilie
Salz, Pfeffer
Zitronensaft
4 Scheiben geräucherter Putenbrustaufschnitt

ZUBEREITUNG: ca. 20 Min.

1. Die Paprika halbieren, putzen, waschen und in schmale Streifen schneiden. Die Frühlingszwiebeln putzen, waschen, in dünne Ringe schneiden. Die Gurke waschen und in sechs Scheiben schneiden.

2. Die Brotscheiben mit Kräuterquark bestreichen. 2 Scheiben mit der Hälfte des Gemüses und einigen Petersilienblättchen belegen, Salz und Pfeffer überstreuen und einige Tropfen Zitronensaft aufträufeln. Den Putenaufschnitt auflegen.

3. Darauf das übrige Gemüse und die restlichen Petersilienblättchen verteilen, mit Salz, Pfeffer und Zitronensaft würzen. Die übrigen Brotscheiben mit der Quarkseite nach unten auflegen. Die Sandwiches halbieren.

Nährwerte pro Portion:

260 kcal • **18 g** Eiweiß • **5 g** Fett • **34 g** Kohlenhydrate • **7 g** Ballaststoffe • ca. **3** KE/BE

Schinkenwurst-Rucola-Kornspitz

FÜR 2 PERSONEN

2 Kornspitz-Brötchen
2 TL Olivenpaste aus dem Glas
12 Rucolablätter
2 feste Strauchtomaten
4 dünne Scheiben Schinkenwurst, fettreduziert
2 Pfeffergürkchen

ZUBEREITUNG: ca. 15 Min.

1. Die Kornspitz halbieren, jede Hälfte mit Olivenpaste bestreichen. Rucola waschen, trocken tupfen, harte Stiele abschneiden. Die Blätter auf den unteren Brötchenhälften verteilen.

2. Die Tomaten waschen, abtrocknen, in Scheiben schneiden. Dabei die Stielansätze herausschneiden. Die Tomatenscheiben auf dem Rucola verteilen und mit je 2 Schinkenwurstscheiben belegen.

3. Die Pfeffergürkchen schräg in dünne Scheiben schneiden, auf der Wurst verteilen. Die oberen Brötchenhälften auflegen.

Nährwerte pro Portion:

205 kcal • **12 g** Eiweiß • **8 g** Fett • **21 g** Kohlenhydrate • **1 g** Ballaststoffe • ca. **1½** KE/BE

Buchweizenpfannkuchen mit karamellisierten Äpfeln

FÜR 2 PERSONEN

80 g Buchweizenmehl (Naturkostladen)
2 Äpfel, ca. 350 g
1 TL brauner Zucker
4 EL Apfelsaft
1 Ei
Salz
4 TL Sonnenblumenöl
Zimtpulver

ZUBEREITUNG: ca. 30 Min.

1. Das Buchweizenmehl in eine Rührschüssel geben, 150 ml Wasser unterrühren und den Teig 10 Min. quellen lassen. Inzwischen die Äpfel schälen, vierteln, Stiele und Kerngehäuse entfernen. Das Fruchtfleisch in dünne Scheiben schneiden.
2. In einer Pfanne Zucker mit 1 EL Apfelsaft bei mittelstarker Hitze schmelzen und karamellisieren lassen. Äpfel und übrigen Apfelsaft zufügen, bei mittlerer Hitze 5 Min. dünsten und dann beiseitestellen.
3. Das Ei und 1 Prise Salz unter den Teig rühren, nach Bedarf noch etwas Wasser zugeben, der Teig soll dünnflüssig sein. Eine beschichtete Pfanne mit wenig Öl auspinseln und mittelstark erhitzen.
4. Ein Viertel des Teigs hineingießen und auf dem Pfannenboden verlaufen lassen. Bräunt sich die Unterseite, den Pfannkuchen wenden und die zweite Seite bei mittlerer Hitze genauso braten. Dabei ein wenig Öl von der Seite zulaufen lassen. Drei weitere Pfannkuchen ebenso braten. Jeweils mit einem Viertel der Äpfel belegen und mit ¼ TL Zimt überpudern.

Nährwerte pro Portion:
375 kcal • 9 g Eiweiß • 15 g Fett • 50 g Kohlenhydrate • 4 g Ballaststoffe • ca. 4 KE/BE

Crêpes mit Quark-Himbeer-Füllung

FÜR 2 PERSONEN

100 g Weizenmehl, Type 1050
⅛ l + 2 EL Milch, 1,5 % Fett
1 Ei
½ TL Bourbon-Vanillezucker
Salz
100 g Magerquark
1 EL Zucker
100 g Himbeeren
2 TL Rapsöl
10 g Bitterschokolade, 70 % Kakao
frische Minzeblättchen

ZUBEREITUNG: ca. 25 Min.

1. Das Mehl in eine Schüssel sieben, nach und nach mit dem Schneebesen ⅛ l Milch klümpchenfrei unterrühren. Ei, Vanillezucker und 1 Prise Salz unterrühren. Den Teig 5 Min. ruhen lassen.
2. Den Quark mit 2 EL Milch und Zucker glatt rühren. Die Himbeeren verlesen, waschen, trocken tupfen und unterziehen.
3. In einer beschichteten Pfanne 1 TL Öl mittelstark erhitzen. Den Teig noch einmal durchrühren, die Hälfte davon in die Pfanne gießen und auf dem Pfannenboden verlaufen lassen. Bräunt sich die Unterseite, den Crêpe umdrehen, goldbraun backen. Zweiten Crêpe ebenso backen.
4. Auf jeden Crêpe die Hälfte des Quarks geben und einrollen. Die Schokolade über die Crêpes raspeln und die Crêpes mit Minzeblättchen garniert servieren.

TIPP

Wenn Sie lieber TK-Himbeeren verwenden wollen, wiegen Sie einfach 100 g Früchte aus dem Beutel oder der Packung ab und mischen Sie sie gefroren unter den Quark.

Nährwerte pro Portion:
400 kcal • 19 g Eiweiß • 12 g Fett • 53 g Kohlenhydrate • 5 g Ballaststoffe • ca. 4½ KE/BE

Himbeer-Buttermilch-Smoothie

FÜR 2 GLÄSER MIT 1/4 l INHALT
400 ml Buttermilch
1/2 TL fein abgeriebene Bio-Orangenschale
2 EL Agavendicksaft
200 g TK-Himbeeren
2 kleine Stängel frische Minze
ZUBEREITUNG: ca. 10 Min.

1. Buttermilch mit Orangenschale und Agavendicksaft in einen hohen Mixbecher geben und mit dem Pürierstab oder einem Schneebesen kräftig aufschlagen.

2. Die gefrorenen Himbeeren dazugeben und fein pürieren, bis das Getränk dicklich ist. Den eiskalten Smoothie sofort in zwei Gläser füllen, mit je 1 kleinen Stängel Minze garnieren und servieren.

Nährwerte pro Portion:
150 kcal • **8 g** Eiweiß • **1 g** Fett • **26 g** Kohlenhydrate • **0 g** Ballaststoffe • ca. **2** KE/BE

Roter Powerdrink

FÜR 2 GLÄSER MIT 1/4 l INHALT
2 große vollreife Strauchtomaten, 125 g
1 rote Paprikaschote
1/4 l Kefir
6 Basilikumblätter
1 EL Zitronensaft
Salz
Cayennepfeffer
2 Stängel Petersilie
ZUBEREITUNG: ca. 15 Min.

1. Die Tomaten kreuzweise einschneiden, blanchieren, häuten, halbieren, die Stielansätze herausschneiden und die Kerne entfernen. Das Tomatenfleisch in den Mixer geben.

2. Paprika waschen, die Schale mit dem Sparschäler dünn abschälen. Die Schote halbieren, Stiel, Kerne und weiße Rippen entfernen.

3. Paprika würfeln und zu den Tomaten in den Mixer geben. Mit Kefir, Basilikum, Zitronensaft, Salz und 1 Prise Cayennepfeffer pürieren. Den Drink in zwei Gläser gießen und mit je 1 Petersilienstängel garnieren.

Nährwerte pro Portion:
105 kcal • **6 g** Eiweiß • **5 g** Fett • **10 g** Kohlenhydrate • **3 g** Ballaststoffe • ca. **1** KE/BE

Erdbeersoftie mit Joghurt

FÜR 2 GLÄSER MIT ¼ l INHALT

250 g Erdbeeren
175 g Joghurt, 1,5 % Fett
⅛ l frisch gepresster Orangensaft
1 TL Bourbon-Vanillezucker
4 Eiswürfel
2 Stängelspitzen frische Minze (nach Belieben)
Außerdem: 2 lange dünne Holzspieße

ZUBEREITUNG: ca. 10 Min.

1. Die Erdbeeren waschen, entkelchen, zwei Beeren für die Deko zur Seite legen und den Rest vierteln. Erdbeeren mit dem Joghurt, Orangensaft und Vanillezucker in einem Mixer pürieren.
2. In jedes Glas 2 Eiswürfel geben und den Erdbeermix aufgießen. Deko-Erdbeeren halbieren, auf jeden Holzspieß zwei Erdbeerhälften und nach Belieben je 1 Stängelspitze Minze stecken. Spieße auf die Gläser legen und den Drink servieren.

Nährwerte pro Portion:

115 kcal • 4 g Eiweiß • 2 g Fett • 19 g Kohlenhydrate • 2 g Ballaststoffe • ca. 1½ KE/BE

Milchshake mit Birne und Mandeln

FÜR 2 GLÄSER MIT ¼ l Inhalt

1 reife aromatische Birne, z. B. Williams Christ, 170 g
1 weiche getrocknete Dattel ohne Stein
300 ml Milch, 1,5 % Fett
gemahlener Kardamom
2 EL gemahlene Mandeln
4 Eiswürfel
¼ TL Kakaopulver (stark entölt)

ZUBEREITUNG: ca. 10 Min.

1. Die Birne vierteln, schälen und ohne Stiel und Kerngehäuse würfeln. In den Mixbecher geben. Die Dattel hacken und mit der Milch, 1 Prise Kardamom und den Mandeln zu den Birnenwürfeln geben. Alles fein pürieren.
2. In jedes Glas 2 Eiswürfel geben, den Drink darübergießen und leicht mit Kakao überpudert servieren.

Nährwerte pro Portion:

180 kcal • 8 g Eiweiß • 8 g Fett • 19 g Kohlenhydrate • 4 g Ballaststoffe • ca. 1½ KE/BE

Grüne Erbsensuppe

mit Croûtons

FÜR 2 PERSONEN

3 Frühlingszwiebeln
1 Petersilienwurzel
4 TL Rapsöl
250 g junge TK-Erbsen
600 ml Gemüsebrühe
4 EL Weißwein (ersatzweise 1 EL Zitronensaft)
50 g saure Sahne
Salz, Pfeffer
1 Scheibe Vollkornbrot
6–8 Zitronenmelisseblättchen

ZUBEREITUNG: ca. 30 Min.

1. Die Frühlingszwiebeln putzen, waschen und in dünne Ringe schneiden. Die Petersilienwurzel schälen und klein würfeln. 2 TL Rapsöl in einem Topf mittelstark erhitzen. Frühlingszwiebeln und Petersilienwurzelwürfel unter Rühren darin 2 Min. andünsten.
2. Die Erbsen zufügen, 1 Min. mitdünsten. Brühe und Wein zugießen, aufkochen und bei schwacher Hitze zugedeckt 15 Min. sanft kochen.
3. Das Gemüse mit dem Pürierstab fein pürieren. Saure Sahne unterrühren und die Suppe mit Salz und Pfeffer abschmecken.
4. Die Brotscheibe in kleine Würfel schneiden. In einer kleinen Pfanne das restliche Öl erhitzen und die Brotwürfel darin bei mittlerer Hitze unter Rühren knusprig rösten. Die Zitronenmelisse waschen, trocken tupfen und grob hacken. Die Suppe auf zwei vorgewärmte tiefe Teller verteilen, mit Zitronenmelisse und Croûtons bestreuen.

VARIANTE

Für eine besonders kräuterfrische Note je ½ Bund glatte Petersilie und frische Minze mitverwenden. Dafür die Kräuter waschen, gründlich trocken schütteln und die harten Stängel abschneiden. Die Blättchen grob hacken und vor dem Pürieren unter die Suppe rühren. Dann alles mit dem Pürierstab fein pürieren, sodass eine sämige Suppe entsteht. 5 Min. bei schwacher Hitze ziehen lassen. Die saure Sahne unterrühren und die Suppe mit Salz und Pfeffer abschmecken. Dann die Brotwürfel wie beschrieben rösten, über die Suppenportionen streuen und mit Zitronenmelisse- oder Minzeblättchen garniert servieren.

Nährwerte pro Portion:

320 kcal • **13 g** Eiweiß • **15 g** Fett • **29 g** Kohlenhydrate • **8 g** Ballaststoffe • ca. **2½** KE/BE

Eisbergsalat mit Pilzen, Gurke und Kochschinken

FÜR 2 PERSONEN

1 kleiner Kopf Eisbergsalat
1 Mini-Gurke
100 g kleine Champignons
50 g magerer gekochter Schinken
2 TL Kapern
½ Bund Schnittlauch
2 EL Salatmayonnaise light
150 g fettarmer Joghurt, 1,5 % Fett
1 EL Zitronensaft
Salz, Pfeffer

ZUBEREITUNG: ca. 20 Min.

1. Den Salat putzen, vierteln und waschen, trocken schütteln, den Strunk herausschneiden und die Blätter in Streifen schneiden. Die Gurke schälen und in Scheiben schneiden.

2. Die Champignons mit Küchenpapier säubern, falls nötig kalt abbrausen und in dünne Scheiben schneiden. Gegebenenfalls Fettränder vom Schinken entfernen. Den Schinken längs halbieren und quer in Streifen schneiden. Salat, Gurke, Champignons und Schinken in einer Salatschüssel vermischen.

3. Die Kapern abspülen und zufügen. Schnittlauch waschen, in Röllchen schneiden und über den Salat streuen. Mayonnaise, Joghurt und Zitronensaft verrühren, mit Salz und Pfeffer würzen. Das Dressing über den Salat gießen und untermischen. Sofort servieren.

TIPP

1 dicke Scheibe Olivenbrot (40 g, + 1½ KE) schmeckt gut zu jeder Salatportion.

Nährwerte pro Portion:

155 kcal • **11 g** Eiweiß • **9 g** Fett • **8 g** Kohlenhydrate • **2 g** Ballaststoffe • ca. ½ KE/BE

Maissalat mit Mozzarella

FÜR 2 PERSONEN

1 kleine Dose Gemüsemais, 285 g Abtropfgewicht
3 EL Zitronensaft
2 TL Olivenöl
Salz, Pfeffer
1 große rote Paprikaschote
½ Bund Frühlingszwiebeln
200 g Cocktailtomaten
1 Kugel Mozzarella, 125 g
1 Handvoll Basilikumblätter

ZUBEREITUNG: ca. 20 Min.

1. Den Mais in einem Sieb abtropfen lassen. Den Zitronensaft in einer Schüssel mit dem Olivenöl verrühren, die Vinaigrette salzen und pfeffern und mit dem Mais vermengen.

2. Die Paprikaschote waschen, halbieren, Stiel, Kerne und weiße Rippen entfernen. Die Paprika klein würfeln. Die Frühlingszwiebeln putzen, waschen, längs halbieren und in Halbringe schneiden. Die Tomaten waschen und vierteln. Alles zum Mais in die Schüssel geben und vermischen.

3. Den Mozzarella abtropfen lassen, in 2 cm große Würfel schneiden. Die Basilikumblätter waschen, trocken tupfen, zerzupfen und mit dem Mozzarella unter den Salat mischen. Mit Salz und Pfeffer abschmecken und auf zwei Tellern anrichten.

Nährwerte pro Portion:

315 kcal • **17 g** Eiweiß • **17 g** Fett • **19 g** Kohlenhydrate • **3 g** Ballaststoffe • ca. **1½** KE/BE

Spargel-Kartoffel-Salat mit Ei

FÜR 2 PERSONEN

300 g kleine festkochende Kartoffeln
2 Eier
je 250 g dünne grüne und weiße Spargelstangen
½ Bund glatte Petersilie
2–3 EL Zitronensaft
1 TL fein abgeriebene Bio-Zitronenschale
Salz, Pfeffer
2 TL Olivenöl

ZUBEREITUNG: ca. 30 Min.

1. Die Kartoffeln waschen. In einem Topf mit Wasser bedeckt 15–20 Min. zugedeckt bei mittlerer Hitze garen. Die Eier in 10 Min. hart kochen, kalt abschrecken und schälen.

2. Den Spargel schälen, putzen und in 3–4 cm lange Stücke schneiden. In einer großen Pfanne drei Finger hoch Wasser bei starker Hitze aufkochen, den Spargel hineingeben und zugedeckt in 10 Min. bissfest garen, in einem Sieb abtropfen und abkühlen lassen.

3. Die Kartoffeln abgießen, kalt abschrecken, pellen und in dünne Scheiben schneiden. Die Petersilie waschen, die Blättchen hacken.

4. In einer Schüssel Zitronensaft mit Zitronenschale, Salz, Pfeffer und Olivenöl gut verrühren. Kartoffeln, Spargel und Petersilie zugeben und alles vermischen, nach Geschmack nachwürzen. Die Eier hacken und über den Salat streuen.

TIPP

Der Salat kann auch als leckerer Snack für die Arbeitspause in einer Frischhaltebox mitgenommen werden.

Nährwerte pro Portion:

260 kcal • **13 g** Eiweiß • **12 g** Fett • **24 g** Kohlenhydrate • **5 g** Ballaststoffe • ca. **2** KE/BE

Fenchelsalat mit Orange und Frischkäse

FÜR 2 PERSONEN

2 Fenchelknollen
1 große Bio-Orange
50 ml Orangensaft
Salz, Pfeffer
gemahlener Koriander
2 TL Olivenöl
50 g körniger Frischkäse

ZUBEREITUNG: ca. 20 Min.

1. Die Fenchelknollen waschen, das Fenchelgrün abschneiden und beiseitelegen. Von den Knollen die harten Stängel abschneiden. Die Knollen halbieren und die Strünke keilförmig herausschneiden. Den Fenchel in feine Streifen hobeln, in eine Schüssel geben und kurz mit der Hand durchkneten, damit er saftiger und geschmeidiger wird.

2. Die Orange heiß abwaschen, trocken reiben und 1 TL Schale fein abreiben. Anschließend die Orange schälen (dabei die weiße Haut mit abschneiden), vierteln, quer in Scheiben schneiden und unter den Fenchel mischen. Orangensaft, Orangenschale, Salz, Pfeffer, 1 Prise Koriander und das Öl verrühren. Die Sauce unter den Salat mischen und diesen abschmecken.

3. Den Salat auf zwei Tellern anrichten und den Frischkäse in kleinen Klecksen darauf verteilen. Das Fenchelgrün hacken und über den Salat streuen.

TIPP

Den erfrischenden Salat mit ½ Vollkornbrötchen (25 g, + 1 KE) pro Portion ergänzen.

Nährwerte pro Portion:

165 kcal • **6 g** Eiweiß • **10 g** Fett • **13 g** Kohlenhydrate • **7 g** Ballaststoffe • ca. **1** KE/BE

Spitzkohl-Möhren-Salat mit Schafkäse

FÜR 2 PERSONEN

1 kleiner Spitzkohl, 300–400 g
Salz
2 Möhren
½ Bund Frühlingszwiebeln
3 Stängel Dill
2–3 EL Sherryessig
Pfeffer
Cayennepfeffer
4 TL Rapsöl
50 g Schafkäse (Feta)

ZUBEREITUNG: ca. 20 Min.

1. Spitzkohl waschen, vierteln, die Strünke herausschneiden und den Kohl in feine Streifen schneiden. Diese in eine Schüssel geben, ½ TL Salz überstreuen, mit dem Kartoffelstampfer 2–3 Min. stampfen, so wird der Kohl saftiger und mürber.

2. Die Möhren schälen und zum Kohl raspeln. Die Frühlingszwiebeln putzen, waschen und in feine Ringe schneiden. Den Dill waschen und die Blättchen grob hacken. Beides mit dem Kohl und den Möhren vermengen.

3. Für die Sauce Essig mit Salz, je 1 Prise Pfeffer und Cayennepfeffer sowie dem Öl verrühren, unter das Gemüse mischen und den Salat abschmecken. Den Schafkäse zerbröckeln und überstreuen.

TIPP

1 Scheibe kräftiges Vollkornbrot (45 g, + 1½ KE) zu jeder Portion macht die Mahlzeit komplett.

Nährwerte pro Portion:

205 kcal • **9 g** Eiweiß • **15 g** Fett • **9 g** Kohlenhydrate • **3 g** Ballaststoffe • ca. ¾ KE/BE

Kräutertomaten auf Salat

FÜR 2 PERSONEN

50 g Instant-Couscous
Salz
2 große Fleischtomaten, à 250 g
5 TL Rapsöl
2 EL frisch geriebener Emmentaler
1 EL gehackte Petersilie
1 TL gehackter Thymian
gemahlener Koriander
2 TL saure Sahne
1 Romana-Salatherz
1 TL Zitronensaft
Außerdem: Auflaufform (ca. 20 × 20 cm)

ZUBEREITUNG: ca. 30 Min.

1. Den Backofen auf 220° (Umluft 200°) vorheizen. Couscous nach Packungsangabe in 100 ml leicht gesalzenem, kochend heißem Wasser quellen lassen. Die Tomaten waschen, einen Deckel abschneiden und die Tomaten aushöhlen. Das herausgelöste Fruchtfleisch mit 4 TL Öl, Käse und Kräutern unter den Couscous mischen. Mit Salz und 1 Prise Koriander abschmecken.

2. Die Tomaten mit dem Couscous füllen. Obenauf je 1 TL saure Sahne geben. Die Deckel aufsetzen. Die Auflaufform mit 1 TL Öl einpinseln, die Tomaten hineinsetzen und im Ofen (Mitte) 20 Min. backen.

3. Inzwischen das Salatherz halbieren, waschen und trocken schütteln. Den Salat in Streifen schneiden und auf zwei Teller verteilen, mit Zitronensaft und Salz leicht würzen. Auf jeden Teller neben den Salat 1 Tomate setzen und servieren.

TIPP

Die Tomatenfüllung schmeckt auch lecker mit 50 g gewürfeltem Mozzarella anstelle des Emmentalers und 4 Basilikumblättchen anstelle der Petersilie und des Thymians.

Nährwerte pro Portion:

295 kcal • **9 g** Eiweiß • **17 g** Fett • **26 g** Kohlenhydrate • **5 g** Ballaststoffe • ca. **2** KE/BE

Nudelsalat mit Lyoner, Radieschen und Gurken

FÜR 2 PERSONEN

125 g Vollkorn-Spiralnudeln (Fusilli)
Salz
½ Bund Radieschen
4 Cornichons
100 g magere Geflügel-Fleischwurst (Lyoner); ersatzweise magerer gekochter Schinken
2 EL Weißweinessig
Pfeffer
2 TL Rapsöl
1 Kästchen Kresse

ZUBEREITUNG: ca. 25 Min.

1. Die Nudeln nach Packungsangabe in reichlich kochendem Salzwasser bissfest garen. Dann in ein Sieb abgießen, kalt abschrecken, abtropfen und erkalten lassen.

2. In der Zwischenzeit die Radieschen putzen, waschen und vierteln. Die Cornichons in dünne Scheiben schneiden. Die Fleischwurst in Scheiben, dann in Streifen schneiden. Radieschen, Cornichons und Wurst mit den Nudeln mischen.

3. Aus Essig, Salz, Pfeffer und Öl eine Marinade rühren, unter den Salat mischen und diesen herzhaft abschmecken. Die Kresse mit der Schere abschneiden, über den Salat streuen und leicht untermischen.

TIPP

Wird der Salat vorbereitet, die Kresse erst vor dem Servieren abschneiden und untermischen.

Nährwerte pro Portion:

405 kcal • **18 g** Eiweiß • **18 g** Fett • **44 g** Kohlenhydrate • **7 g** Ballaststoffe • ca. **4** KE/BE

Kartoffel-Sellerie-Suppe mit Putenbrust

FÜR 2 PERSONEN

250 g mehligkochende Kartoffeln
250 g Knollensellerie
1 Zwiebel
1 Knoblauchzehe
700 ml Gemüsebrühe
1 Lorbeerblatt
50 g Kräuterfrischkäse, fettreduziert
Salz, Pfeffer
1 TL getrockneter Majoran
1 TL Zitronensaft
100 g geräucherte Putenbrust

ZUBEREITUNG: ca. 30 Min.

1. Kartoffeln, Sellerie, Zwiebel und Knoblauch schälen, würfeln und mit der Brühe und dem Lorbeerblatt in einen Topf geben. Alles aufkochen und zugedeckt bei mittlerer Hitze 20 Min. kochen lassen.

2. Das Lorbeerblatt entfernen und das Gemüse mit dem Pürierstab pürieren. Den Frischkäse unterrühren. Die Suppe mit Salz, Pfeffer, Majoran und Zitronensaft würzen. Die Putenbrust würfeln, in die Suppe geben und darin erhitzen.

VARIANTE

Statt mit Sellerie mit der gleichen Menge Petersilienwurzeln zubereitet, schmeckt die Suppe ebenso köstlich.

Nährwerte pro Portion:

195 kcal • **18 g** Eiweiß • **3 g** Fett • **20 g** Kohlenhydrate • **6 g** Ballaststoffe • ca. **2** KE/BE

Avocadocreme mit Tomaten

FÜR 2 PERSONEN

1 Avocado
1 EL Zitronensaft
150 g fettarmer Joghurt, 1,5 % Fett
Salz, Pfeffer
½ TL Dijon-Senf
3 Stängel Dill
2 Tomaten
2 Scheiben Vollkornbrot

ZUBEREITUNG: ca. 10 Min.

1. Die Avocado halbieren, den Stein auslösen, das Avocadofleisch mit einem Esslöffel aus der Schale heben und in eine Schüssel geben. Den Zitronensaft und den Joghurt zufügen und die Avocado mit dem Pürierstab pürieren.

2. Die Creme mit Salz, Pfeffer und Senf abschmecken. Den Dill waschen, trocken schütteln, einige Dillspitzen zum Garnieren beiseitelegen. Die übrigen Blättchen hacken und unter die Avocadocreme mischen.

3. Die Tomaten waschen, halbieren und die Stielansätze herausschneiden. Die Tomaten entkernen und in kleine Würfel schneiden.

4. Die Avocadocreme auf zwei tiefe Teller verteilen, Tomatenwürfel überstreuen, jede Portion mit Dill garnieren. Das Brot in Streifen schneiden und dazuservieren.

Nährwerte pro Portion:

415 kcal • **10 g** Eiweiß • **30 g** Fett • **26 g** Kohlenhydrate • **10 g** Ballaststoffe • ca. **2** KE/BE

Gefüllte Omeletts mit Hackfleisch und Gemüse

FÜR 2 PERSONEN

2 Eier
100 ml Milch
50 g Weizenmehl, Type 1050
Salz, Pfeffer
frisch geriebene Muskatnuss
1 Zwiebel
1 rote Paprikaschote
1 Stange Staudensellerie
150 g Cocktailtomaten
3 TL Olivenöl
100 g mageres Rinderhackfleisch
½ TL Kräuter der Provence
1 EL gehackte TK-Petersilie

ZUBEREITUNG: ca. 30 Min.

1. Eier, Milch und Mehl verquirlen. Den Teig mit Salz, Pfeffer und 1 Prise Muskat würzen.
2. Für die Füllung Zwiebel schälen, würfeln. Die Paprika vierteln, putzen, waschen und in Streifen schneiden. Sellerie putzen, waschen und würfeln. Tomaten waschen und halbieren.
3. 1 TL Öl in einer Pfanne erhitzen, Hackfleisch darin kross und fein krümelig braten. Das Gemüse unterrühren, bei mittlerer Hitze andünsten, 2 EL Wasser zugeben und das Ragout zugedeckt 10 Min. garen. Mit Salz, Pfeffer und Kräutern abschmecken.
4. Den Teig durchrühren. ½ TL Öl in einer beschichteten Pfanne mittelstark erhitzen, die Hälfte des Teigs hineingeben und auf dem Pfannenboden verlaufen lassen. Omelett von einer Seite hellbraun braten, wenden und die zweite Seite ebenso braten, dabei ½ TL Öl seitlich zulaufen lassen.
5. Das Omelett auf einen Teller gleiten lassen, auf eine Hälfte die Hälfte der Fleisch-Gemüse-Füllung geben und zusammenklappen. Das zweite Omelett ebenso braten und füllen.

Nährwerte pro Portion:
420 kcal • **25 g** Eiweiß • **24 g** Fett • **21 g** Kohlenhydrate • **6 g** Ballaststoffe • ca. **2** KE/BE

Fenchel-Frittata mit Pinienkernen

FÜR 2 PERSONEN

1 Zwiebel
1 große Fenchelknolle mit viel Grün
2 TL Olivenöl
Salz, Pfeffer
2 Eier
50 ml Milch
2 EL frisch geriebener Bergkäse
1 EL Pinienkerne

ZUBEREITUNG: ca. 25 Min.

1. Die Zwiebel schälen, halbieren und in schmale Streifen schneiden. Vom Fenchel die harten Stiele und die festen Böden abschneiden, das Fenchelgrün beiseitelegen. Den Fenchel waschen, halbieren und den harten Strunk keilförmig herausschneiden. Die Hälften vierteln, in schmale Streifen schneiden.
2. Das Olivenöl in einer großen Pfanne mittelstark erhitzen und Zwiebel- und Fenchelstreifen mit 4 EL Wasser zugedeckt darin 8–10 Min. dünsten. Das Gemüse gelegentlich wenden. Mit Salz und Pfeffer abschmecken. Dann das Fenchelgrün hacken und die Hälfte davon unterrühren.
3. Eier, Milch und Käse verquirlen, mit Salz und Pfeffer würzen und gleichmäßig über das Gemüse gießen. Mit Pinienkernen bestreuen. Die Eimasse zugedeckt bei schwacher Hitze stocken lassen. Das übrige Fenchelgrün über die Frittata streuen. Die Frittata halbieren und servieren.

TIPP

Zu jeder Portion gibt es 1 kleine Scheibe dunkles Bauernbrot (35g, + 1½ KE).

Nährwerte pro Portion:
220 kcal • **11 g** Eiweiß • **16 g** Fett • **5 g** Kohlenhydrate • **4 g** Ballaststoffe • ca. **½** KE/BE

Bohnensalat weiß-grün mit Tomaten und Oliven

FÜR 2 PERSONEN

Salz
300 g grüne TK-Prinzessbohnen
1 kleine Dose große weiße Bohnen, 250 g Abtropfgewicht
½ Bund Frühlingszwiebeln
150 g Cocktailtomaten
50 g schwarze Oliven ohne Stein
1 EL gehacktes Bohnenkraut
2 EL Rotweinessig
Pfeffer
2 TL Olivenöl

ZUBEREITUNG: ca. 30 Min.

1. ½ l Wasser in einen Topf geben, salzen und aufkochen. Prinzessbohnen hineingeben und 15 Min. garen.

2. In der Zwischenzeit die weißen Bohnen abtropfen lassen. Die Frühlingszwiebeln putzen, waschen und in dünne Ringe schneiden. Die Tomaten waschen, halbieren. Die Oliven in Ringe schneiden. Die grünen Bohnen nach der Garzeit eiskalt abschrecken, in einem Sieb abtropfen lassen, evtl. quer halbieren und mit den weißen Bohnen, Frühlingszwiebeln, Tomaten und Oliven mischen. Das Bohnenkraut überstreuen.

3. Essig, Salz und Pfeffer verrühren, das Olivenöl unterschlagen. Die Sauce unter den Salat mischen und diesen abschmecken. Kurz ziehen lassen.

TIPP

Besonders lecker: Den Bohnensalat mit 50 g in Würfel geschnittenem Schafkäse (Feta) anrichten.

Nährwerte pro Portion:

240 kcal • **7 g** Eiweiß • **9 g** Fett • **27 g** Kohlenhydrate • **3 g** Ballaststoffe • ca. **2** KE/BE

Gemüsepuffer mit Knoblauchjoghurt

FÜR 2 PERSONEN

300 g Möhren
200 g Kartoffeln
1 Ei
2 EL Mehl
2 EL frisch geriebener Parmesan
1 Bund glatte Petersilie
Salz, Pfeffer
frisch geriebene Muskatnuss
175 g Joghurt, 1,5 % Fett
1 Knoblauchzehe
2 TL Rapsöl

ZUBEREITUNG: ca. 30 Min.

1. Möhren und Kartoffeln schälen und grob raspeln, in eine Schüssel geben. Ei, Mehl und Parmesan unterrühren. Die Petersilie waschen, die Blättchen hacken und untermischen. Den Teig mit Salz, Pfeffer und 1 Prise Muskat würzen.

2. Den Joghurt glatt rühren und mit Salz abschmecken. Den Knoblauch schälen, zum Joghurt pressen und unterrühren.

3. In einer beschichteten Pfanne 1 TL Öl mittelstark erhitzen. Mit einem Esslöffel drei Teigportionen mit Abstand hineinsetzen, etwas flach drücken und die Puffer beidseitig in 6 Min. goldgelb braten. Mit restlichem Öl und Teig genauso verfahren. Die Puffer mit dem Joghurt servieren.

VARIANTE

Die Möhren durch feste Zucchini austauschen. Diese können mit der Schale geraspelt werden. Vorher Stiel- und Blütenansätze abschneiden. Unter die geraspelten Zucchini 1 Prise Salz mischen, kurz Saft ziehen lassen, Zucchiniraspel ausdrücken und unter die Kartoffeln mischen.

Nährwerte pro Portion:

265 kcal • **12 g** Eiweiß • **11 g** Fett • **29 g** Kohlenhydrate • **6 g** Ballaststoffe • ca. **2½** KE/BE

Orientburger

im Fladenbrot

FÜR 2 PERSONEN

300 g zweimal durchgedrehtes mageres Rindfleisch
2 mittelgroße Zwiebeln
1 Knoblauchzehe
1 TL Tomatenmark
¼ TL Zimtpulver
1 Msp. gemahlener Kreuzkümmel
½ TL edelsüßes Paprikapulver
Salz
2 EL gehackte frische oder TK-Petersilie
½ TL getrocknete Minze
2 TL Olivenöl
1 rote Paprikaschote
2 Eisbergsalatblätter
2 EL Joghurt, 1,5 % Fett
2 kleine Fladenbrote

ZUBEREITUNG: ca. 30 Min.

1. Das Fleisch in eine Schüssel geben. 1 Zwiebel und den Knoblauch schälen, sehr fein würfeln und mit Tomatenmark, Gewürzen, Salz, 1 EL Petersilie und der Hälfte der Minze zufügen. Gut durchkneten und daraus zwei flache Burger formen. Das geht am besten auf einem mit Wasser abgespülten Dessertteller. Die Oberseite der Burger mit dem Öl einpinseln.

2. Die Paprikaschote vierteln, putzen, waschen und in dünne Streifen schneiden. Die Salatblätter waschen, trocken tupfen, halbieren, die dicken Rippen herausschneiden. Übrige Petersilie, Minze und 1 Prise Salz unter den Joghurt rühren.

3. Eine Grillpfanne stark erhitzen. Die Burger mit der eingeölten Seite nach unten grillen, umdrehen und grillen, bis kein Saft mehr austritt.

4. Die Fladenbrote aufschneiden und im Toaster rösten. Die zweite Zwiebel schälen und in Ringe schneiden.

5. Die unteren Hälften der Fladenbrote mit Salat belegen. Je einen Burger daraufbetten, mit Paprikastreifen und Zwiebeln bedecken und je 1 EL Joghurt daraufgeben. Die oberen Fladenbrothälften auflegen und die Burger sofort servieren.

VARIANTEN

Nach Geschmack können die Fladenbrote auch mit anderem Gemüse belegt werden, wie z. B. mit dünnen Tomaten- und Gurkenscheiben, oder mit Rucola.

Statt in Fladenbroten können die würzigen Orientburger auch für eine Hauptmahlzeit mit Reis als Beilage zubereitet werden. Das Fleisch für die Orientburger wie beschrieben vorbereiten, zu dünnen Fladen formen, mit Frischhaltefolie bedecken und kurz in den Kühlschrank stellen. Dann 100 g Basmati-Vollkornreis mit der doppelten Menge Wasser und ½ TL Salz 20–22 Min. kochen. Aus den Paprikastreifen, den zerzupften Salatblättern und 1 kleinen in Scheiben geschnittenen Mini-Gurke einen Salat vorbereiten und mit einer Sauce aus 2 EL Joghurt, 1 TL Zitronensaft, Salz und Pfeffer vermischen. Die Burger wie beschrieben grillen und mit Reis und Salat servieren.

Nährwerte pro Portion:

770 kcal • **46 g** Eiweiß • **29 g** Fett • **81 g** Kohlenhydrate • **4 g** Ballaststoffe • ca. **6½** KE/BE

Rote Linsen mit Aprikosen und Mandeln

FÜR 2 PERSONEN

1 kleine Zwiebel
1 Knoblauchzehe
1 TL Rapsöl
1 EL Currypulver
150 g rote Linsen
½ l Gemüsebrühe
6 getrocknete Aprikosen
½ Bund Petersilie
Salz, Pfeffer
2 EL gehackte Mandeln
2 EL saure Sahne

ZUBEREITUNG: ca. 25 Min.

1. Die Zwiebel und die Knoblauchzehe schälen und klein würfeln. Das Rapsöl mittelstark in einem Topf erhitzen und die Zwiebeln und den Knoblauch darin hellbraun braten. Currypulver darüberstreuen und 1 Min. mitbraten. Die Linsen unterrühren und die Gemüsebrühe angießen. Linsen zugedeckt 10 Min. sanft kochen lassen.
2. In der Zwischenzeit die Aprikosen klein würfeln. Die Petersilie waschen, trocken schütteln und die Blättchen fein hacken.
3. Die Linsen mit Salz und Pfeffer abschmecken. Die Aprikosen, die Petersilie und die Mandeln unterrühren und kurz erwärmen.
4. Die Linsen auf zwei tiefe Teller verteilen und auf jede Portion 1 EL saure Sahne geben.

Nährwerte pro Portion:

365 kcal • **22 g** Eiweiß • **11 g** Fett • **43 g** Kohlenhydrate • **19 g** Ballaststoffe • ca. **3½** KE/BE

Kichererbsensalat

FÜR 2 PERSONEN

1 kleine Dose Kichererbsen, 250 g Abtropfgewicht
1 rote Zwiebel
1 Mini-Gurke
1 rote Paprikaschote
50 g grüne oder schwarze Oliven ohne Stein
2 EL Rotweinessig
2 TL Olivenöl
Salz, Pfeffer
4 Salbeiblätter
50 g Schafkäse (Feta)

ZUBEREITUNG: ca. 25 Min.

1. Die Kichererbsen in einem Sieb abtropfen lassen und in eine Schüssel geben. Die Zwiebel schälen. Die Gurke ebenfalls schälen. Die Paprikaschote halbieren, Stiel, Kerne und weiße Rippen entfernen und die Paprika waschen.
2. Zwiebel, Gurke und Paprika würfeln. Die Oliven längs halbieren. Alles zu den Kichererbsen geben und vermischen.
3. Essig und das Öl verrühren, salzen, pfeffern, die Sauce unter den Salat mischen und diesen abschmecken. Die Salbeiblätter in feine Streifen schneiden und untermischen. Den Salat in zwei tiefen Tellern anrichten. Den Schafkäse auf der groben Gemüsereibe darüberreiben.

VARIANTE

Statt mit Kichererbsen kann der Salat auch mit weißen Bohnen aus der Dose zubereitet werden. Nach dem Abgießen die Bohnen mit kaltem Wasser abspülen.

Nährwerte pro Portion:

315 kcal • **12 g** Eiweiß • **15 g** Fett • **33 g** Kohlenhydrate • **9 g** Ballaststoffe • ca. **3** KE/BE

Kürbissuppe mit Bärlauch und Kürbiskernöl

FÜR 2 PERSONEN

1 Zwiebel
500 g Hokkaido-Kürbis
1 Kartoffel
2 TL Rapsöl
600 ml Gemüsebrühe
20 g Walnusskerne
2–3 Bärlauchblätter (ersatzweise Blättchen von 2–3 Stängeln glatter Petersilie)
Salz, Pfeffer
gemahlener Piment
1 TL Zitronensaft
1 TL Kürbiskernöl

ZUBEREITUNG: ca. 30 Min.

1. Die Zwiebel schälen und klein würfeln. Den Kürbis vierteln, wattige Teile und Kerne entfernen. Die Kartoffel schälen und mit dem Kürbis in Würfel schneiden. In einem Topf das Öl mittelstark erhitzen. Die Zwiebelwürfel darin glasig braten. Kürbis- und Kartoffelwürfel untermischen.
2. Die Brühe zugießen, aufkochen und das Gemüse zugedeckt bei mittlerer Hitze 15 Min. garen. Inzwischen die Walnusskerne hacken und in einer Pfanne ohne Fett leicht rösten. Den Bärlauch waschen und grob hacken.
3. Die Suppe mit dem Pürierstab pürieren und mit Salz, je 1 Prise Pfeffer und Piment sowie dem Zitronensaft abschmecken. Nüsse und Bärlauch unter die Suppe rühren. Diese auf zwei vorgewärmte tiefe Teller verteilen und auf jede Portion ½ TL Kürbiskernöl träufeln.

Nährwerte pro Portion:

225 kcal • **5 g** Eiweiß • **14 g** Fett • **17 g** Kohlenhydrate • **6 g** Ballaststoffe • ca. **1½** KE/BE

Zucchinisuppe mit Minzeöl

FÜR 2 PERSONEN

½ Bund Frühlingszwiebeln
500 g Zucchini
1 große Kartoffel
2 TL Olivenöl
600 ml Gemüsebrühe
3 Stängel frische Minze
Salz
50 g Frischkäse, fettreduziert
1 EL Zitronensaft
Pfeffer

ZUBEREITUNG: ca. 20 Min.

1. Die Frühlingszwiebeln putzen, waschen und in dünne Ringe schneiden. Die Zucchini putzen, schälen, würfeln. Die Kartoffel schälen und würfeln.
2. In einem Topf 1 TL Öl mittelstark erhitzen, Zwiebeln, Zucchini und Kartoffeln darin 2–3 Min. anbraten. Die Brühe zugießen und die Suppe bei mittlerer Hitze zugedeckt 15 Min. kochen.
3. In der Zwischenzeit die Minze waschen, die Blättchen hacken. Die Hälfte davon in die Suppe geben. Die andere Hälfte mit 1 TL Öl und 1 Prise Salz im Mörser fein zerreiben.
4. Die Suppe mit dem Pürierstab pürieren. Frischkäse und Zitronensaft unterrühren. Die Suppe mit Salz und Pfeffer würzen, auf zwei vorgewärmte tiefe Teller verteilen und auf jede Portion etwas von dem Minzeöl geben.

TIPP

Zu jeder Portion gibt es 1 Scheibe Vollkornbrot (45 g, + 2 KE).

Nährwerte pro Portion:

180 kcal • **7 g** Eiweiß • **10 g** Fett • **13 g** Kohlenhydrate • **4 g** Ballaststoffe • ca. **1** KE/BE

Kartoffelsalat mit Thunfisch

FÜR 2 PERSONEN

350 g kleine festkochende Kartoffeln
½ Bund Frühlingszwiebeln
2 Gewürzgurken (+ 2–3 EL Gurkenwasser)
1 Dose Thunfisch im eigenen Saft, 80 g Abtropfgewicht
3 EL Zitronensaft
2 TL Olivenöl
Salz, Pfeffer
½ Bund Dill
100 g Cocktailtomaten

ZUBEREITUNG: ca. 30 Min.

1. Die Kartoffeln mit 1 Tasse Wasser aufkochen und in 15–20 Min. garen. Inzwischen Frühlingszwiebeln putzen, waschen, in dünne Ringe schneiden und in eine Schüssel geben. Die Gurken würfeln und zufügen. Den Thunfisch abtropfen lassen, zerpflücken und mit in die Schüssel geben.

2. Die Kartoffeln kalt abschrecken, pellen und würfeln, ebenfalls in die Schüssel geben. Zitronensaft und Gurkenwasser verrühren, das Öl unterschlagen und die Sauce mit Salz und Pfeffer würzen. Unter den Salat mischen und diesen abschmecken.

3. Den Dill waschen, einige Dillspitzen zum Garnieren beiseitelegen. Den übrigen Dill hacken und unter den Salat heben. Die Tomaten waschen, halbieren und auf dem Salat verteilen. Diesen mit Dill garniert servieren.

VARIANTE

Statt mit Thunfisch schmeckt der Salat auch sehr fein mit gewürfeltem Graved Lachs.

TIPP

Als Pausensnack oder für ein Picknick eignet sich der Salat ebenfalls bestens.

Nährwerte pro Portion:

265 kcal • **12 g** Eiweiß • **12 g** Fett • **26 g** Kohlenhydrate • **3 g** Ballaststoffe • ca. **2** KE/BE

Nudelsalat mit Chinakohl und Orange

FÜR 2 PERSONEN

100 g Vollkorn-Schmetterlingsnudeln (Farfalle)
Salz
250 g Chinakohl
1 große Orange
2 EL Salatmayonnaise light
2 EL Zitronensaft
Pfeffer
½ Bund glatte Petersilie
½ TL getrockneter Thymian
1 EL gehackte Walnusskerne

ZUBEREITUNG: ca. 25 Min.

1. Die Nudeln nach Packungsangabe in reichlich kochendem Salzwasser bissfest garen. Anschließend kalt abschrecken und in einem Sieb gut abtropfen lassen. Inzwischen den Chinakohl waschen, vierteln und in Streifen schneiden.

2. Die Orange schälen, dabei die weiße Haut mit abschneiden. Die Filets aus den Trennhäuten lösen und halbieren, dabei den Saft auffangen.

3. Chinakohl, Orange und aufgefangenen Orangensaft mit den Nudeln in eine Schüssel geben. Die Salatmayonnaise mit dem Zitronensaft verrühren und mit Salz und Pfeffer würzen. Die Sauce unter den Salat mischen und diesen erneut abschmecken.

4. Die Petersilie waschen, die Blättchen hacken und mit dem Thymian ebenfalls untermischen. Den Salat auf zwei Tellern anrichten, mit den Walnüssen bestreuen und servieren.

VARIANTE

Andere Früchte, die sich statt Orange für den Nudelsalat eignen: klein gewürfelter Apfel, Birne oder Mango.

Nährwerte pro Portion:

305 kcal • **10 g** Eiweiß • **11 g** Fett • **41 g** Kohlenhydrate • **7 g** Ballaststoffe • ca. **3½** KE/BE

Schnelle Pizza mit Pilzen und Schinken

FÜR 2 PERSONEN

- 2 dünne Pita-Brötchen, à 70 g
- 120 g Pizzatomaten (Dose)
- Salz, Pfeffer
- 100 g Champignons oder Egerlinge
- 1 Knoblauchzehe
- 1 TL getrockneter Oregano
- 2 TL Olivenöl
- 50 g gekochter Schinken
- 2 EL frisch geriebener Edamer

ZUBEREITUNG: ca. 15 Min.
BACKEN: ca. 15 Min.

1. Den Backofen auf 220° (Umluft 200°) vorheizen. Die Brötchen aufschneiden und die vier Hälften nebeneinander auf ein mit Backpapier belegtes Blech legen. Die Tomaten in einer Schüssel mit Salz und Pfeffer würzen. Die Brötchen damit bestreichen.
2. Die Pilze putzen und in dünne Scheiben schneiden, die Brötchenhälften damit belegen. Den Knoblauch schälen, hacken und mit dem Oregano über die Pilze streuen. Die Pizzabrötchen salzen, pfeffern und mit dem Olivenöl beträufeln.
3. Den Schinken in Streifen schneiden und die Pizzabrötchen damit belegen. Den Käse darüberstreuen und die Pizzen im Backofen (Mitte) 15 Min. überbacken.

VARIANTE

Die Pizzen können auch mit anderen Zutaten belegt werden: statt mit Champignons mit 2 Artischockenherzen (Dose) in Stücken, ½ Paprikaschote in Streifen oder 1 kleinen Zwiebel in Ringen und 1 TL gehackten Kapern.

Nährwerte pro Portion:

360 kcal • **16 g** Eiweiß • **9 g** Fett • **51 g** Kohlenhydrate • **2 g** Ballaststoffe • ca. **4** KE/BE

Überbackene Aubergine

FÜR 2 PERSONEN

- 1 große Aubergine, 350–400 g
- Salz
- 4 TL Olivenöl
- Pfeffer
- 1 Kugel Mozzarella, fettreduziert, 125 g
- 4 getrocknete, in Öl eingelegte Tomaten
- 6–8 Basilikumblätter
- Außerdem: 1 große Auflaufform

ZUBEREITUNG: ca. 25 Min.
BACKEN: ca. 5 Min.

1. Die Aubergine waschen, Stielansatz abschneiden. Die Aubergine längs in dünne Scheiben schneiden. Mit Salz bestreuen, kurz ziehen lassen und mit Küchenpapier abtupfen. Den Backofen auf 220° (Umluft 200°) vorheizen.
2. Die Auberginenscheiben von beiden Seiten dünn mit Olivenöl einpinseln. Eine Grillpfanne stark erhitzen und portionsweise die Auberginenscheiben von beiden Seiten grillen, dabei mit dem Pfannenwender immer wieder leicht andrücken. Die Auberginenscheiben in die Auflaufform legen, pfeffern.
3. Den Mozzarella in dünne Scheiben und die Tomaten in Streifen schneiden. Beides auf den Auberginen verteilen und mit Basilikum belegen. Die Auberginen im Backofen (oben) 4–5 Min. überbacken.

VARIANTE

Statt mit würzigen getrockneten Tomaten die Auberginen mit 1–2 in Scheiben geschnittenen frischen Tomaten und dem Mozzarella belegen. Mit Salz würzen.

Nährwerte pro Portion:

255 kcal • **14 g** Eiweiß • **19 g** Fett • **4 g** Kohlenhydrate • **4 g** Ballaststoffe • ca. **¼** KE/BE

Brokkoli

mit Nudeln und Nüssen

FÜR 2 PERSONEN

500 g Brokkoli
Salz
125 g Vollkorn-Spiralnudeln (Spirelli)
1 kleine Zwiebel
1 Knoblauchzehe
½ kleine frische rote Chilischote
4 TL Olivenöl
2 EL gehackte Walnusskerne

ZUBEREITUNG: ca. 25 Min.

1. Vom Brokkoli den harten Strunk abschneiden. Den Brokkoli in mittelgroße Röschen schneiden, dicke Stiele schälen und in kleine Stücke schneiden. Brokkoli waschen.

2. Reichlich Wasser mit 1 TL Salz aufkochen. Die Brokkolistiele darin bei mittlerer Hitze 2 Min. kochen, die Röschen zufügen und alles weitere 3–4 Min. garen.

3. Das Gemüse mit dem Schaumlöffel aus dem Wasser heben und abtropfen lassen. Dann die Nudeln im Gemüsewasser nach Packungsangabe bissfest kochen und abgießen. 2–3 EL Nudel-Gemüse-Wasser auffangen.

4. Zwiebel und Knoblauch schälen und hacken. Die Chilischote längs halbieren, entkernen und in feine Streifen schneiden (wegen der anhaftenden Schärfe danach Hände waschen!).

5. In einer großen Pfanne das Olivenöl mittelstark erhitzen. Zwiebeln, Knoblauch und Chili darin kurz anbraten. Brokkoli und Nudeln mit dem aufgefangenen Nudel-Gemüse-Wasser untermischen und erhitzen.

6. Nudelpfanne mit Salz abschmecken. Die Nüsse in einer kleinen Pfanne ohne Fett leicht anrösten und darüberstreuen.

TIPP

Eine besonders pikante Note erhält das Gericht, wenn man 1 EL gehackte Kapern untermischt.

VARIANTE

Statt mit Brokkoli kann das Gericht auch mit Blumenkohl zubereitet werden. Dafür 500 g Blumenkohl wie den Brokkoli in nicht zu kleine Röschen teilen, waschen und wie beschrieben kochen. Anschließend die Nudeln im Gemüsewasser garen. Zwiebeln, Knoblauch und 1 klein gewürfelte Tomate anstelle der Chilischote im Öl kurz anbraten. Die Blättchen ½ Bunds glatter Petersilie hacken und unterrühren. Dann den Blumenkohl und die Nudeln untermischen. Das Gericht mit Salz und Pfeffer abschmecken und mit gerösteten Nüssen bestreuen.

Nährwerte pro Portion:

420 kcal • **16 g** Eiweiß • **19 g** Fett • **47 g** Kohlenhydrate • **11 g** Ballaststoffe • ca. **4** KE/BE

Blumenkohl-Curry mit Ingwer und Koriander

FÜR 2 PERSONEN

500 g Blumenkohl, geputzt gewogen
2 Frühlingszwiebeln
1 Stück Ingwer, 30 g
1 große Fleischtomate
½ kleine getrocknete rote Chilischote
2 TL Rapsöl
je ½ TL Kurkuma (Gelbwurz), gemahlener Koriander und Pfeffer
300 ml Gemüsebrühe
50 ml Kokosmilch
Salz
2 Stängel Koriander (ersatzweise Petersilie)

ZUBEREITUNG: ca. 30 Min.

1. Den Blumenkohl waschen, in Röschen teilen, die Stiele in Stücke schneiden. Die Frühlingszwiebeln putzen, waschen und in dünne Ringe schneiden. Den Ingwer schälen und fein würfeln. Die Tomate waschen, halbieren, den Stielansatz, Kerne und Flüssigkeit entfernen und das Fruchtfleisch würfeln.
2. Die Chilischote längs halbieren, entkernen und in feine Streifen schneiden. In einem Topf das Öl mittelstark erhitzen. Zuerst Kurkuma, Koriander und Pfeffer einrühren, dann Zwiebeln und Ingwer zufügen und kurz andünsten. Blumenkohl, Tomaten, Chili und Brühe unterrühren.
3. Alles zugedeckt bei schwacher bis mittlerer Hitze 20 Min. garen. Gelegentlich umrühren. Die Kokosmilch unterrühren und das Gericht mit Salz abschmecken. Koriander waschen, Blättchen von den Stielen zupfen und unter das Curry mischen.

TIPP

Dazu passt Basmati-Reis, Menge nach KE-Bedarf (s. Tabelle S. 13).

Nährwerte pro Portion:

140 kcal • **8 g** Eiweiß • **6 g** Fett • **12 g** Kohlenhydrate • **9 g** Ballaststoffe • ca. **1** KE/BE

Mangold mit Tomaten, Kartoffeln und Kapern

FÜR 2 PERSONEN

1 Staude Mangold, ca. 400 g
1 Zwiebel
1 Knoblauchzehe
150 g Kartoffeln (je nach KE-Bedarf die Menge entsprechend erhöhen; oder Vollkornbrot dazuessen; s. Tabelle S. 13)
150 g Tomaten
2 TL Olivenöl
1 EL Kapern
1 Bio-Zitrone
1 TL getrockneter Thymian
Salz, Pfeffer
2 EL Joghurt, 1,5 % Fett

ZUBEREITUNG: ca. 30 Min.

1. Vom Mangold den Stielansatz abschneiden. Stiele und Blätter waschen. Von den Stielen nach Bedarf die Fäden abziehen. Die Stiele in dünne Scheiben schneiden. Blätter längs halbieren und quer in Streifen schneiden. Die Zwiebel schälen und würfeln. Den Knoblauch schälen und hacken.
2. Die Kartoffeln schälen und würfeln. Die Tomaten waschen, halbieren und ohne Stielansätze in Spalten schneiden.
3. In einer großen Pfanne das Öl mittelstark erhitzen. Zwiebeln und Knoblauch darin glasig braten. Die Mangoldstiele und Kartoffeln mit 2 EL Wasser unterrühren und zugedeckt 5 Min. dünsten.
4. Die Mangoldblätter, die Tomaten und die Kapern unterrühren. Weitere 10 Min. zugedeckt garen. Gelegentlich durchrühren.
5. Inzwischen die Zitrone heiß waschen, trocken reiben, 1 TL Schale fein abreiben und 1 EL Saft auspressen. Das Gemüse mit Zitronenschale, -saft und Thymian abschmecken, mit Salz und Pfeffer würzen und auf zwei Tellern anrichten. Je 1 EL Joghurt in die Mitte setzen und das Gemüse servieren.

Nährwerte pro Portion:

135 kcal • **6 g** Eiweiß • **6 g** Fett • **15 g** Kohlenhydrate • **6 g** Ballaststoffe • ca. **1¼** KE/BE

Penne

mit Auberginen-Tomaten-Sauce

FÜR 2 PERSONEN

½ Bund Frühlingszwiebeln
1 Knoblauchzehe
1 kleine Aubergine, ca. 250 g
2 TL Olivenöl
200 g Pizzatomaten (Dose)
3 EL Rotwein (ersatzweise 1 EL Zitronensaft)
Salz, Pfeffer
Zucker
125 g Vollkorn-Röhrennudeln (Penne)
10–12 Basilikumblätter
2 EL frisch geriebener Parmesan

ZUBEREITUNG: ca. 30 Min.

1. Die Frühlingszwiebeln putzen, waschen, längs halbieren und in kleine Stücke schneiden. Den Knoblauch schälen und klein würfeln. Die Aubergine waschen und ohne Stielansatz klein würfeln.

2. Das Öl in einem Topf mittelstark erhitzen. Zwiebeln und Knoblauch darin glasig braten. Die Auberginenwürfel unterrühren und kurz mitbraten. Tomaten und Wein unterrühren. Alles aufkochen und mit Salz, Pfeffer und 1 Prise Zucker würzen. Die Sauce zugedeckt 10 Min. bei schwacher Hitze sanft kochen lassen.

3. Inzwischen die Nudeln in reichlich kochendem Salzwasser nach Packungsangabe bissfest kochen, in ein Sieb abgießen, abtropfen lassen und unter die Sauce rühren.

4. Basilikum waschen, zerzupfen und unterheben. Das Gericht auf zwei vorgewärmten Tellern anrichten. Mit Parmesan bestreuen.

TIPP

Das Gericht kann auf die gleiche Weise anstelle der Aubergine mit Zucchini zubereitet werden. Dafür möglichst kleine und feste Bio-Zucchini aussuchen und mit Schale würfeln.

VARIANTE

Die Sauce noch mit 1 großen roten Paprikaschote anreichern. Diese halbieren, Stiel, Kerne und weiße Rippen entfernen. Die Schotenhälften waschen und würfeln. Paprikawürfel mit den Auberginenwürfeln unter die Zwiebeln und den Knoblauch rühren, kurz mitbraten. Die Sauce wie beschrieben weiterzubereiten und mit den Nudeln vermischen.

Nährwerte pro Portion:

330 kcal • **14 g** Eiweiß • **9 g** Fett • **48 g** Kohlenhydrate • **9 g** Ballaststoffe • ca. **4** KE/BE

Lauch-Kartoffel-Gemüse

FÜR 2 PERSONEN

2 Stangen Lauch, ca. 500 g
560 g vorwiegend festkochende Kartoffeln
1 Zwiebel
1 TL Olivenöl
¼ l Gemüsebrühe
2 Eier
3 Stängel Majoran
3 Stängel glatte Petersilie
100 g Frischkäse, fettreduziert
Salz, Pfeffer
frisch geriebene Muskatnuss

ZUBEREITUNG: ca. 30 Min.

1. Den Lauch putzen, längs halbieren und waschen, in 3 cm lange Stücke schneiden. Die Kartoffeln schälen und mittelgroß würfeln. Die Zwiebel schälen und in dünne Ringe schneiden.

2. In einem Topf das Öl mittelstark erhitzen und das Gemüse darin unter Rühren 1–2 Min. anbraten. Die Brühe zugießen und alles zugedeckt 15 Min. garen, gelegentlich umrühren.

3. Inzwischen die Eier in 5 Min. wachsweich kochen. Majoran und Petersilie waschen, Blättchen hacken und unter den Eintopf mischen. Den Frischkäse unterrühren und das Gericht mit Salz, Pfeffer und 1 Prise Muskat würzen. Die Eier schälen.

4. Das Lauch-Kartoffel-Gemüse auf zwei tiefe Teller verteilen. Die Eier halbieren und auf das Gemüse setzen.

Nährwerte pro Portion:

430 kcal • **20 g** Eiweiß • **21 g** Fett • **41 g** Kohlenhydrate • **6 g** Ballaststoffe • ca. **3½** KE/BE

Risotto mit Wirsing und Pilzen

FÜR 2 PERSONEN

400 g Wirsing
4 Frühlingszwiebeln
100 g Pfifferlinge oder Steinpilze
500–600 ml Gemüsebrühe
90 g Risotto-Reis
2 TL Olivenöl
½ Bund glatte Petersilie
Salz, Pfeffer
1 TL Zitronensaft
2 EL frisch geriebener Parmesan

ZUBEREITUNG: ca. 30 Min.

1. Vom Wirsing die harten Deckblätter und den Strunk abschneiden. Den Kohl vierteln, waschen und abtropfen lassen, in feine Streifen schneiden. Die Frühlingszwiebeln putzen, waschen und in dünne Ringe schneiden. Die Pilze putzen (falls nötig kurz waschen und trocken tupfen) und in kleine Stücke schneiden. Die Gemüsebrühe erhitzen.

2. Den Reis in einem Sieb kalt abspülen und das Wasser gründlich abschütteln. In einem Topf das Öl mittelstark erhitzen und die Zwiebeln darin glasig braten. Den Wirsing unterrühren und 2 Min. dünsten. Reis und Pilze unterrühren, weitere 2 Min. dünsten.

3. So viel Brühe zugießen, dass alles knapp bedeckt ist. Bei schwacher Hitze unter häufigem Rühren 5 Min. weiterkochen. Jeweils Brühe zugießen, so wie der Reis sie aufnimmt. Der Risotto soll geschmeidig bleiben. Der Reis sollte nach ca. 12 Min. gar sein, aber noch Biss haben.

4. Petersilie waschen, die Blättchen hacken und unter den Reis rühren. Den Risotto mit Salz, Pfeffer und Zitronensaft abschmecken. Den Parmesan zum Bestreuen dazu servieren.

TIPP

Statt frischer Pilze lassen sich auch getrocknete Pilze, z. B. Steinpilze (4 g), wunderbar verwenden. Diese vorher etwa 30 Min. mit 200 ml Wasser bedeckt einweichen. Das Pilzwasser mitverwenden.

Nährwerte pro Portion:

290 kcal • **12 g** Eiweiß • **8 g** Fett • **41 g** Kohlenhydrate • **8 g** Ballaststoffe • ca. **3½** KE/BE

Kichererbseneintopf mit Fenchel

FÜR 2 PERSONEN

1 Zwiebel
2 Knoblauchzehen
1 Fenchelknolle
1 große Kartoffel
2 TL Olivenöl
250 g geschälte Tomaten (Dose)
1 kleine Dose Kichererbsen, 250 g Abtropfgewicht
je 1 TL gehackter Oregano und Rosmarin
1 TL rosenscharfes Paprikapulver
Salz, Pfeffer

ZUBEREITUNG: ca. 30 Min.

1. Die Zwiebel und den Knoblauch schälen und klein würfeln. Von der Fenchelknolle die harten Stiele abschneiden, das Fenchelgrün beiseitelegen. Die Knolle waschen, vierteln, den Strunk herausschneiden und die Viertel in feine Streifen schneiden. Die Kartoffel schälen und würfeln.

2. Das Öl in einem Topf mittelstark erhitzen, Zwiebeln und Knoblauch darin glasig braten, Fenchel und Kartoffeln unterrühren und kurz mitbraten. Die Tomaten zufügen und mit dem Kochlöffel zerdrücken. Alles zugedeckt bei mittlerer Hitze 15 Min. kochen.

3. Inzwischen die Kichererbsen in einem Sieb abtropfen lassen. Dann unter die Zutaten im Topf rühren. Die Kräuter und das Paprikapulver unterrühren und den Eintopf mit Salz und Pfeffer würzen. Noch 3 Min. sanft kochen lassen. Nochmals abschmecken. Fenchelgrün grob hacken und über den Eintopf streuen.

TIPP

Dazu schmeckt Vollkornbrot, Menge nach KE-Bedarf (s. Tabelle S. 13).

Nährwerte pro Portion:

275 kcal • **10 g** Eiweiß • **7 g** Fett • **41 g** Kohlenhydrate • **11 g** Ballaststoffe • ca. **3½** KE/BE

Eintopf mit weißen Bohnen

FÜR 2 PERSONEN

2 Möhren
100 g Staudensellerie und 1 Sellerieblatt
1 Stange Lauch
1 Knoblauchzehe
2 TL Olivenöl
1 kleine Dose weiße Bohnen, 250 g Abtropfgewicht
½ TL eingelegte grüne Pfefferkörner
1 TL getrocknetes Bohnenkraut
Salz

ZUBEREITUNG: ca. 30 Min.

1. Möhren schälen, Sellerie waschen, putzen und mit den Möhren klein würfeln. Sellerieblatt waschen und grob hacken. Den Lauch putzen, längs halbieren, waschen und in dünne Streifen schneiden. Knoblauch schälen und fein hacken.

2. Das Olivenöl in einem Topf mittelstark erhitzen, Möhren, Lauch, Sellerie und Sellerieblatt mit dem Knoblauch unter Rühren darin andünsten. Bohnen in ein Sieb abgießen und den Sud unter das Gemüse rühren. Zugedeckt bei schwacher Hitze 15 Min. kochen.

3. Den Pfeffer im Mörser zerdrücken, mit Bohnenkraut und Bohnen unter die Zutaten im Topf rühren. Alles aufkochen und mit Salz abschmecken.

TIPPS

Wem die eingelegten Pfefferkörner zu intensiv schmecken, würzt mit Pfeffer aus der Pfeffermühle.

Dazu schmeckt Vollkornbrot, Menge nach KE-Bedarf (s. Tabelle S. 13).

Nährwerte pro Portion:

195 kcal • **10 g** Eiweiß • **6 g** Fett • **26 g** Kohlenhydrate • **6 g** Ballaststoffe • ca. **2** KE/BE

Tagliatelle mit Zucchini

FÜR 2 PERSONEN

250 g Zucchini
1 Schalotte
1 Knoblauchzehe
120 g Vollkorn-Bandnudeln (Tagliatelle)
Salz
2 TL Rapsöl
50 g Frischkäse, fettreduziert
Pfeffer
gemahlener Koriander
10 Basilikumblätter
2 EL frisch geriebener Pecorino

ZUBEREITUNG: ca. 25 Min.

1. Die Zucchini waschen, Stiel und Blütenansätze abschneiden. Die Zucchini mit Schale in dünne Scheiben schneiden – dicke Zucchini zuvor längs halbieren. Die Schalotte und den Knoblauch schälen und klein würfeln.

2. Die Nudeln in reichlich kochendem Salzwasser nach Packungsangabe bissfest kochen, in einem Sieb abtropfen lassen.

3. Inzwischen in einer tiefen Pfanne das Öl mittelstark erhitzen. Schalotten und Knoblauch darin glasig braten. Zucchini untermischen und ebenfalls glasig braten. 2–3 EL Wasser zufügen und das Gemüse zugedeckt bei schwacher Hitze 3 Min. dünsten.

4. Den Frischkäse unterrühren und die Sauce mit Salz, Pfeffer und 1 Prise Koriander würzen. Die Nudeln unterheben und alles noch mal erhitzen. Basilikum waschen, zerzupfen und untermischen. Nudeln in zwei vorgewärmten tiefen Tellern anrichten und mit Käse bestreuen.

TIPP

Statt Basilikum 8–10 g frische Minzeblättchen und ½ TL fein abgeriebene Schale einer Bio-Zitrone verwenden.

Nährwerte pro Portion:

350 kcal • **15 g** Eiweiß • **13 g** Fett • **44 g** Kohlenhydrate • **6 g** Ballaststoffe • ca. **3½** KE/BE

Spaghetti mit Pilzsauce

FÜR 2 PERSONEN

150 g Egerlinge oder Champignons
1 EL Zitronensaft
1 Zwiebel
1 Knoblauchzehe
120 g Vollkorn-Spaghetti
Salz
2 TL Olivenöl
2 EL Weißwein (ersatzweise 1 EL Zitronensaft + 1 EL Wasser)
⅛ l Gemüsebrühe
Pfeffer
gemahlener Piment
1 TL getrockneter Thymian
2 EL Frischkäse, fettreduziert
2 EL frisch geriebener mittelalter Edamer

ZUBEREITUNG: ca. 30 Min.

1. Die Pilze putzen, mit Küchenpapier abreiben und in dünne Scheiben schneiden. Den Zitronensaft überträufeln. Zwiebel und Knoblauch schälen und klein würfeln.

2. Die Spaghetti nach Packungsangabe in reichlich kochendem Salzwasser bissfest kochen, in einem Sieb abtropfen lassen.

3. Währenddessen das Öl in einem Topf mittelstark erhitzen. Zwiebeln und Knoblauch darin glasig braten. Die Pilze unterrühren und kurz mitbraten. Wein und Brühe zugießen und aufkochen. Mit Salz, Pfeffer und 1 Prise Piment abschmecken. Den Thymian, dann den Frischkäse unterrühren.

4. Die Sauce und die Spaghetti vermengen und das Gericht auf zwei vorgewärmte Teller geben. Mit Käse überstreuen.

TIPP

Natürlich können auch andere Pilze verwendet werden. Besonders gut schmecken frische Pfifferlinge oder Steinpilze.

Nährwerte pro Portion:

320 kcal • **15 g** Eiweiß • **10 g** Fett • **43 g** Kohlenhydrate • **7 g** Ballaststoffe • ca. **3½** KE/BE

Kartoffelomelett

mit Kräuterjoghurt

FÜR 2 PERSONEN

300 g vorwiegend festkochende Kartoffeln
1 Gemüsezwiebel
1 rote Paprikaschote
4 TL Olivenöl
Salz, Pfeffer
1 TL getrockneter Thymian
2 Eier (Größe M)
150 g Joghurt, 1,5 % Fett
je 1 EL gehackte Petersilie und Minze

ZUBEREITUNG: ca. 30 Min.

1. Die Kartoffeln schälen und auf dem Gemüsehobel in sehr dünne Scheiben hobeln. Die Zwiebel schälen und in dünne Ringe schneiden. Die Paprikaschote vierteln, Stiel, Kerne und weiße Rippen entfernen. Die Paprika waschen und in dünne Streifen schneiden.

2. In einer beschichteten Pfanne 2 TL Öl mittelstark erhitzen. Die Kartoffelscheiben in der Pfanne verteilen und 6–7 Min. braten, dabei gelegentlich wenden. Zwiebelringe und Paprikastreifen untermischen, einen Deckel aufsetzen und das Gemüse 5 Min. dünsten, ein- bis zweimal wenden. Alles mit Salz, Pfeffer und Thymian würzen.

3. In einer Schüssel die Eier mit 2 EL Wasser verquirlen. Die Gemüsemischung mit den Eiern vermischen. Die Pfanne mit Küchenpapier auswischen. 1 TL Öl in der Pfanne erhitzen und die Ei-Gemüse-Mischung hineingeben. Das Omelett 3–4 Min. braten, bis die Unterseite fest geworden ist.

4. Dann das Omelett auf einen flachen Deckel gleiten lassen. 1 TL Öl in die Pfanne geben und das Omelett umgedreht in die Pfanne zurückgleiten lassen. Das Omelett in weiteren 3–4 Min. bei mittlerer Hitze fertig braten.

5. Joghurt, Petersilie und Minze verrühren und salzen. Das Omelett auf eine Platte gleiten lassen, vierteln und mit dem Kräuterjoghurt servieren.

TIPP

Dazu einen grünen Salat vorbereiten.
Übrigens schmeckt das Kartoffelomelett auch kalt, z. B. als Pausensnack am Arbeitsplatz oder bei einem Ausflug. Einige Cocktailtomaten oder Gurkenstücke bilden die saftige Begleitung.

BEILAGENTIPP

Dazu schmeckt Vollkornbrot, Menge nach KE-Bedarf (s. Tabelle S. 13).

Nährwerte pro Portion:

340 kcal • **15 g** Eiweiß • **18 g** Fett • **29 g** Kohlenhydrate • **7 g** Ballaststoffe • ca. **2½** KE/BE

Pellkartoffeln mit Radieschen-Kresse-Quark

FÜR 2 PERSONEN

560 g kleine festkochende Kartoffeln
250 g Magerquark
50 ml Milch, 1,5 % Fett
Salz, Pfeffer
1 kleine rote Zwiebel
1 Kästchen Kresse
½ Bund Radieschen

ZUBEREITUNG: ca. 25 Min.

1. Die Kartoffeln waschen, evtl. abbürsten und in einem Topf mit 1 Tasse Wasser aufkochen. In 25–30 Min. bei schwacher bis mittlerer Hitze zugedeckt garen. Inzwischen den Quark in eine Schüssel geben, mit der Milch geschmeidig rühren. Den Quark salzen und pfeffern.

2. Die Zwiebel schälen und sehr klein würfeln. Die Kresse mit der Schere abschneiden. Ein Kressebüschel zum Garnieren beiseitelegen. Die übrige Kresse mit den Zwiebelwürfeln unter den Quark mischen.

3. Die Radieschen putzen, waschen und je nach Größe vierteln oder achteln. Einige Radieschenstücke zum Garnieren beiseitelegen. Die übrigen Radieschenstücke unter den Quark mischen.

4. Kartoffeln nach Belieben pellen oder mit Schale essen. Quark mit Kresse und Radieschen garniert zu den Kartoffeln servieren.

Nährwerte pro Portion:

280 kcal • **24 g** Eiweiß • **1 g** Fett • **42 g** Kohlenhydrate • **6 g** Ballaststoffe • ca. **3½** KE/BE

Buntes Linsen-Curry

FÜR 2 PERSONEN

1 Stange Lauch
2 Möhren
2 Stangen Staudensellerie
2 TL Rapsöl
200 g Pizzatomaten (Dose)
1 große Dose grüne Linsen, 480 g Abtropfgewicht
1 EL Currypulver, nach Geschmack mild oder scharf
Salz
1 EL gehackter frischer Koriander (ersatzweise Petersilie)

ZUBEREITUNG: ca. 25 Min.

1. Den Lauch putzen, die Stange längs halbieren, waschen und quer in dünne Streifen schneiden. Die Möhren schälen, längs in Streifen und quer in Stifte schneiden. Die Selleriestangen waschen, putzen und quer in dünne Scheiben schneiden.

2. Das Öl in einer tiefen Pfanne mittelstark erhitzen und das Gemüse darin 2 Min. andünsten. Die Tomaten dazugeben und alles zugedeckt bei schwacher Hitze 10 Min. dünsten.

3. Die Linsen und das Currypulver unter das Gemüse rühren, aufkochen und mit Salz abschmecken. Den Koriander unter das Gemüse mischen. Das Curry 2 Min. durchziehen lassen und servieren.

TIPP

Gut schmecken dazu sauer eingelegte Mixed Pickles oder Cornichons sowie Reis, Menge nach KE-Bedarf (s. Tabelle S. 13).

Nährwerte pro Portion:

385 kcal • **21 g** Eiweiß • **10 g** Fett • **54 g** Kohlenhydrate • **9 g** Ballaststoffe • ca. **4½** KE/BE

Gedämpfter Lachs auf Spinat

FÜR 2 PERSONEN

2 Lachsfiletscheiben, je 2 cm dick
1 TL fein abgeriebene Bio-Zitronenschale
Salz, Pfeffer
gemahlener Anis
1 TL Olivenöl
2 Stängel glatte Petersilie
1/8 l trockener Weißwein (ersatzweise 1/8 l frisch gepresster Orangensaft)
340 g TK-Blattspinat
1 TL Zitronensaft
2 EL Frischkäse, fettreduziert
1 EL gemischte gehackte TK-Kräuter
Außerdem: Dampfgareinsatz

ZUBEREITUNG: ca. 30 Min.

1. Den Lachs kalt abspülen und mit Küchenpapier abtrocknen. Zitronenschale, 1/2 TL Salz und je 1 Prise Pfeffer und Anis mit dem Olivenöl vermischen. Den Lachs damit einreiben. Die Petersilie waschen, in den Siebeinsatz zum Dämpfen legen und darauf die Lachsscheiben betten.
2. Den Wein mit 1/8 l Wasser in einem zum Dämpfeinsatz passenden Topf aufkochen. Den Dämpfeinsatz darübersetzen und den Lachs zugedeckt bei mittlerer Hitze 10 Min. im Wein-Dampf garen.
3. Inzwischen den Spinat nach Packungsangabe in einem Topf auftauen und erhitzen. Anschließend mit Salz, Pfeffer und Zitronensaft abschmecken. Den Spinat auf zwei vorgewärmte Teller geben und darauf je 1 Lachsfiletscheibe legen, warm halten.
4. 100 ml der Wein-Wasser-Mischung in einen kleinen Topf geben, Frischkäse und TK-Kräuter unterrühren. Die Sauce unter Rühren erhitzen, bis sie dicklich wird. Mit Salz und Pfeffer abschmecken und über die Lachsfilets träufeln.

VARIANTE

Auch andere feste Fischfilets können auf diese Art zubereitet werden, z. B. von Rotbarsch, Seeteufel oder Zander. Von diesen Fischen Filetstücke kaufen, ca. 150 g pro Portion. Bei dicken Stücken die Garzeit entsprechend verlängern, bei dünneren, wie z. B. zum Beispiel bei Schwanzstücken, die Garzeit ein wenig verkürzen.

TIPP

Dazu passen Pellkartoffeln, Menge nach KE-Bedarf (s. Tabelle S. 13).

Nährwerte pro Portion:

305 kcal • **29 g** Eiweiß • **6 g** Fett • **17 g** Kohlenhydrate • **4 g** Ballaststoffe • ca. **1 1/2** KE/BE

Kabeljau mit Zucchini-Möhren-Gemüse

FÜR 2 PERSONEN

2 Zucchini
2 Möhren
2 Zweige Thymian
3 TL Olivenöl
Salz, Pfeffer
400 g Kabeljaufilet
1 TL Zitronensaft
2 TL saure Sahne

ZUBEREITUNG: ca. 30 Min.

1. Die Zucchini waschen, putzen und klein würfeln. Die Möhren schälen und ebenfalls in kleine Würfel schneiden. Thymian waschen und trocken schütteln. Die Blättchen abstreifen und grob hacken.

2. In einer Pfanne 1 TL Olivenöl mittelstark erhitzen und das Gemüse darin mit dem Thymian 3–4 Min. andünsten, leicht mit Salz und Pfeffer würzen, herausnehmen und beiseitestellen.

3. Das Fischfilet kalt abspülen, trocken tupfen und halbieren. Beidseitig mit Salz und Pfeffer würzen. In der Pfanne 2 TL Olivenöl mittelstark erhitzen und die Filets darin von jeder Seite 2 Min. bei mittlerer Hitze braten.

4. Den Fisch mit Zitronensaft beträufeln. Das Gemüse auf die Fischstücke häufeln, darauf je 1 TL saure Sahne geben. Den Fisch zugedeckt bei schwacher Hitze in 2 Min. fertig garen.

TIPP

Dazu schmeckt Reis, Menge nach KE-Bedarf (s. Tabelle S. 13).

Nährwerte pro Portion:

255 kcal • **37 g** Eiweiß • **9 g** Fett • **8 g** Kohlenhydrate • **4 g** Ballaststoffe • ca. ½ KE/BE

Schollenfilet aus dem Ofen

FÜR 2 PERSONEN

6 Tomaten
4 Stängel glatte Petersilie
1 Handvoll Basilikumblätter
2 EL Kapern
½ TL fein abgeriebene Bio-Zitronenschale
3 EL Semmelbrösel
3 TL Olivenöl
Salz, Pfeffer
400 g Schollenfilets
1 TL Zitronensaft
Außerdem: Auflaufform (ca. 20 × 20 cm)

ZUBEREITUNG: ca. 10 Min.
GAREN: ca. 20 Min.

1. Die Tomaten waschen, halbieren und ohne Stielansätze und Kerne klein würfeln. Tomatenwürfel in eine Schüssel geben.

2. Petersilie und Basilikum waschen, trocken schütteln und die Blättchen fein hacken. Die Kapern ebenfalls hacken und mit den Kräutern und der Zitronenschale zu den Tomaten geben. Die Semmelbrösel und 2 TL Olivenöl zugeben und alles gut vermischen, mit Salz und Pfeffer abschmecken. Den Backofen auf 220° (Umluft 200°) vorheizen.

3. Die Fischfilets kalt abspülen, trocken tupfen, mit Zitronensaft beträufeln und mit Salz und Pfeffer würzen. Die Auflaufform mit 1 TL Öl einfetten. Die Filets nebeneinander hineinlegen. Die Tomaten-Kräuter-Mischung darauf verteilen. Den Fisch im Backofen (Mitte) je nach Dicke 15–20 Min. garen.

TIPP

Als Beilage passen Pellkartoffeln, Menge nach KE-Bedarf (s. Tabelle S. 13).

Nährwerte pro Portion:

350 kcal • **40 g** Eiweiß • **12 g** Fett • **20 g** Kohlenhydrate • **3 g** Ballaststoffe • ca. **1½** KE/BE

Schwertfisch

mit Vinaigrette

FÜR 2 PERSONEN

2 Scheiben Schwertfisch, à 150 g
Salz, Pfeffer
4 TL Olivenöl
1 EL Zitronensaft
2 Knoblauchzehen
½ Bund glatte Petersilie
1 EL Kapern
1 TL gehackter frischer Oregano
je 1 rote, orange und gelbe Paprikaschote
1 große Zwiebel
Außerdem: Dampfgareinsatz

ZUBEREITUNG: ca. 30 Min.

1. Die Fischscheiben kalt abspülen und trocken tupfen. Von beiden Seiten mit Salz und Pfeffer würzen. Den Dämpfeinsatz mit Alufolie auslegen und mit 1 TL Olivenöl einpinseln. Die Fischscheiben nebeneinander hineinlegen.

2. Den Zitronensaft mit 1 TL Olivenöl mischen. 1 Knoblauchzehe schälen, hacken. Die Petersilie waschen, trocken schütteln, die Blättchen mit den Kapern hacken, unter die Vinaigrette rühren, diese auf dem Fisch verteilen.

3. In einen zum Dämpfeinsatz passenden Topf zwei Finger breit Wasser füllen und aufkochen, die Hitze herunterschalten. Den Dämpfeinsatz darübersetzen. Den Fisch 15 Min. zugedeckt bei schwacher Hitze garen, 5 Min. vor Garzeitende den Oregano auf den Fisch streuen.

4. Inzwischen die Paprikaschoten halbieren, putzen, waschen und in Streifen schneiden. Die Zwiebel und den restlichen Knoblauch schälen. Die Zwiebel halbieren und in Streifen, den Knoblauch in kleine Würfel schneiden. In einer Pfanne 2 TL Öl mittelstark erhitzen und die Zwiebeln und den Knoblauch darin glasig dünsten. Paprikastreifen zufügen und in 5 Min. bissfest dünsten. Das Paprikagemüse mit Salz und Pfeffer würzen und mit dem Fisch servieren.

TIPP

Dazu passen Pellkartoffeln oder Vollkornbaguette, Menge nach KE-Bedarf (s. Tabelle S. 13).

VARIANTE

Als ein für diese Zubereitung ebenso geeigneter fester, jedoch preiswerterer Fisch kann Rotbarsch- oder auch Seelachsfilet verwendet werden. Die Filets sollten etwa daumendick sein.

Nährwerte pro Portion:

325 kcal • **3 g** Eiweiß • **17 g** Fett • **10 g** Kohlenhydrate • **9 g** Ballaststoffe • ca. **1** KE/BE

Rotbarsch-Paprika-Pfanne

FÜR 2 PERSONEN

je 1 rote, gelbe und orange Paprikaschote
1 Bund Frühlingszwiebeln
1 Knoblauchzehe
2 TL Olivenöl
400 g Rotbarschfilet
1 EL Zitronensaft
Salz, Pfeffer
8 Basilikumblätter

ZUBEREITUNG: ca. 30 Min.

1. Die Paprikaschoten vierteln und putzen. Die Paprikaviertel waschen und in Streifen schneiden. Die Frühlingszwiebeln putzen, waschen und in 2–3 cm lange Stücke schneiden. Den Knoblauch schälen und in dünne Scheiben schneiden.

2. Das Olivenöl in einer tiefen Pfanne mittelstark erhitzen und das Gemüse darin unter Wenden 3–4 Min. dünsten. In der Zwischenzeit den Fisch kalt abspülen, trocken tupfen, in 3 cm große Würfel schneiden und mit Zitronensaft beträufeln.

3. Das Gemüse mit Salz und Pfeffer würzen. Dann die Fischwürfel dazwischenbetten und zugedeckt bei mittlerer Hitze 7–8 Min. garen.

4. Das Basilikum waschen, zerzupfen und vorsichtig unter das Gericht heben. Nochmals abschmecken und auf zwei vorgewärmten Tellern anrichten.

TIPP

Dazu schmecken Vollkornnudeln oder Vollkornreis, Menge nach KE-Bedarf (s. Tabelle S. 13).

Nährwerte pro Portion:

315 kcal • **40 g** Eiweiß • **6 g** Fett • **9 g** Kohlenhydrate • **9 g** Ballaststoffe • ca. **1** KE/BE

Steinbeißerfilet in Kokos-Safran-Sauce

FÜR 2 PERSONEN

300 g Steinbeißerfilet
1 Zwiebel
1 Knoblauchzehe
2 TL Rapsöl
100 ml Gemüsebrühe
4–5 Safranfäden
gemahlener Kardamom
Ingwerpulver
50 ml Kokosmilch
Salz, Pfeffer
4 Möhren
2 Bund Petersilie
1 TL Zitronensaft
2 TL Walnussöl
1 Stängel Zitronenmelisse

ZUBEREITUNG: ca. 30 Min.

1. Das Fischfilet kalt abspülen, trocken tupfen und in 3 cm große Würfel schneiden. Die Zwiebel und den Knoblauch schälen und klein würfeln. Das Öl in einem Topf mittelstark erhitzen, Zwiebeln und Knoblauch darin glasig braten, Brühe und Safran zugeben und alles zugedeckt 5 Min. sanft kochen lassen.

2. Je 1 Prise Kardamom und Ingwer mit der Kokosmilch verrühren, unter die Sauce mischen, kurz aufkochen. Die Sauce mit Salz und Pfeffer würzen, die Fischstücke hineinlegen und zugedeckt 7–8 Min. in der Sauce bei schwacher Hitze garen.

3. Inzwischen für den Salat die Möhren schälen und grob raspeln. Die Petersilie waschen, trocken schütteln und die Blättchen hacken. Möhren und Petersilie, Zitronensaft und Walnussöl mischen und den Salat mit Salz und Pfeffer abschmecken.

4. Zitronenmelisse waschen, die Hälfte der Blättchen hacken, unter die Sauce rühren. Den Fisch mit dem Salat auf zwei Tellern anrichten, mit der übrigen Zitronenmelisse garnieren und servieren. Dazu passt Reis (Menge nach KE-Bedarf; s. Tabelle S. 13).

Nährwerte pro Portion:

280 kcal • **26 g** Eiweiß • **15 g** Fett • **10 g** Kohlenhydrate • **6 g** Ballaststoffe • ca. **1** KE/BE

Karpfenfilet

aus dem Wok

FÜR 2 PERSONEN

300 g Karpfenfilet
1 EL Zitronensaft
Salz, Pfeffer
1 dünne Stange Lauch
1 große Möhre
100 g Zuckerschoten
1 Stück Ingwer, ca. 20 g
1 Stängel Zitronengras
3 TL Rapsöl
1 TL dunkles Sesamöl
2 EL Sojasauce
1 EL Reisweinessig
½ TL Fünf-Gewürze-Pulver (Asienregal, Supermarkt)
¼ Bund Schnittlauch

ZUBEREITUNG: ca. 30 Min.

1. Den Fisch kalt abspülen, trocken tupfen und in 4 cm große Würfel schneiden. Mit Zitronensaft beträufeln, leicht mit Salz und Pfeffer würzen und zugedeckt ruhen lassen.

2. Den Lauch putzen, längs halbieren, waschen und schräg in 2 cm breite Stücke schneiden. Die Möhre schälen und in dünne Streifen schneiden. Die Zuckerschoten waschen, putzen und schräg in Stücke schneiden. Den Ingwer schälen und klein würfeln. Das Zitronengras putzen, in Stücke schneiden.

3. Im Wok oder in einer großen beschichteten Pfanne 1 TL Öl stark erhitzen. Die Karpfenstücke darin in 3–4 Min. beidseitig leicht braun braten, herausnehmen und warm stellen. Nun 2 TL Öl in Wok oder Pfanne erhitzen. Möhren, Lauch, Zuckerschoten, Ingwer und Zitronengras in der angegebenen Reihenfolge im Abstand von je ½ Min. hineingeben und anbraten, mit Sesamöl, Sojasauce, Essig und Fünf-Gewürze-Pulver würzen.

4. Den Fisch vorsichtig untermischen, dann das Gericht auf zwei Teller verteilen. Schnittlauch waschen, in Röllchen schneiden und darüberstreuen.

TIPP

Als Beilage dazu schmeckt Vollkornreis, Menge nach KE-Bedarf (s. Tabelle S. 13).

VARIANTE

Statt Karpfen kann auch anderer, festfleischiger Fisch verwendet werden. Oder Sie können auch als zusätzliches Gemüse zum Schluss 100 g Sojabohnensprossen unter das Gericht im Wok mischen und 1–2 Min. mitdünsten.

Nährwerte pro Portion:

334 kcal • **30 g** Eiweiß • **18 g** Fett • **9 g** Kohlenhydrate • **4 g** Ballaststoffe • ca. **1** KE/BE

Forellen mit Fenchel

FÜR 2 PERSONEN

2 küchenfertige Forellen, à 250 g
1 EL Zitronensaft
1 TL Fenchelsamen
Salz, Pfeffer
2 Fenchelknollen mit viel Grün
30 g Bündner Fleisch
3 TL Olivenöl
100 ml Gemüsebrühe
Außerdem: Auflaufform (ca. 20 × 30 cm)

ZUBEREITUNG: ca. 15 Min.
GAREN: ca. 15 Min.

1. Die Forellen innen und außen kalt abspülen, trocken tupfen, innen und außen mit Zitronensaft beträufeln. Die Fenchelsamen im Mörser fein zerreiben, mit 1 TL Salz und 1 Prise Pfeffer vermischen und die Fische innen und außen damit würzen.

2. Den Backofen auf 225° (Umluft 200°) vorheizen. Die Fenchelknollen waschen, putzen, das Grün beiseitelegen. Die Knollen halbieren, die Strünke keilförmig herausschneiden. Die Hälften in dünne Streifen hobeln. Das Bündner Fleisch klein würfeln.

3. In einer Pfanne 2 TL Öl mittelstark erhitzen. Fenchel 5 Min. darin dünsten, salzen und pfeffern. Fenchel und Bündner Fleisch mischen und die Fische damit füllen. Restliche Fenchelmischung in die Auflaufform geben und die Brühe angießen. Die Fische darauflegen, jeweils mit ½ TL Öl beträufeln. Die Form mit Alufolie abdecken. Die Fische im Ofen (Mitte) 15 Min. garen. Mit gehacktem Fenchelgrün bestreut servieren.

KH-BEILAGE

Vollkornbaguette, Menge nach KE-Bedarf (s. Tabelle S. 13).

Nährwerte pro Portion:

345 kcal • **41 g** Eiweiß • **15 g** Fett • **7 g** Kohlenhydrate • **6 g** Ballaststoffe • ca. **½** KE/BE

Heilbutt auf Gemüse

FÜR 2 PERSONEN

200 g kleine Möhren
1 große Petersilienwurzel
4 TL Rapsöl
200 g TK-Erbsen
4 Stängel glatte Petersilie
Salz, Pfeffer
2 Steaks vom schwarzen Heilbutt, à 200 g

ZUBEREITUNG: ca. 30 Min.

1. Möhren und Petersilienwurzel schälen und in sehr dünne Scheiben hobeln. In einem Topf 2 TL Öl mittelstark erhitzen und Möhren und Petersilienwurzeln darin 3 Min. dünsten. Die Erbsen mit 3 EL Wasser hinzufügen und zugedeckt weitere 5 Min. dünsten. Inzwischen die Petersilie waschen, trocken schütteln, die Blättchen hacken, anschließend unter das Gemüse mischen und dieses mit Salz und Pfeffer abschmecken.

2. Die Heilbuttsteaks kalt abspülen, trocken tupfen und beidseitig mit Salz und Pfeffer würzen. In einer Pfanne 2 TL Öl mittelstark erhitzen und die Steaks darin pro Seite 2 Min. braten.

3. Das Gemüse auf zwei vorgewärmte Teller verteilen und die Fischsteaks darauf anrichten.

TIPP

Als Beilage dazu Vollkornreis servieren, Menge nach KE-Bedarf (s. Tabelle S. 13).

Nährwerte pro Portion:

390 kcal • **48 g** Eiweiß • **14 g** Fett • **17 g** Kohlenhydrate • **8 g** Ballaststoffe • ca. **1½** KE/BE

Zanderfilet

mit Mandelkruste

FÜR 2 PERSONEN

1 große rote Zwiebel
1 großer säuerlicher Apfel
5 TL Rapsöl
150 ml Apfelsaft
Salz, Pfeffer
1 Msp. Ingwerpulver
2 Stauden Radicchio
2 Zanderfilets, à 150 g
1 TL Zitronensaft
je 1 EL gehackter TK-Dill und gehackte TK-Petersilie
50 g gemahlene Mandeln
1 Eiweiß

ZUBEREITUNG: ca. 25 Min.

1. Die Zwiebel schälen, halbieren und in dünne Streifen schneiden. Den Apfel waschen, vierteln und ohne Kerngehäuse in dünne Spalten schneiden. In einer Pfanne 2 TL Öl mittelstark erhitzen und Zwiebeln und Äpfel darin 2 Min. braten. 50 ml Apfelsaft angießen und alles 5 Min. zugedeckt dünsten. Mit Salz, Pfeffer und Ingwer pikant würzen. Warm halten.
2. Radicchio waschen, trocken schütteln, Strunk entfernen und die Blätter einzeln abzupfen. In der Pfanne 2 TL Öl mittelstark erhitzen, Radicchio kurz anbraten, mit 100 ml Apfelsaft ablöschen, salzen und pfeffern.
3. Die Fischfilets kalt abspülen, trocken tupfen, mit Zitronensaft beträufeln, salzen und pfeffern. Dill und Petersilie mit 1 Prise Salz und den Mandeln mischen, auf einen flachen Teller schütten. Eiweiß verquirlen. Den Fisch erst im Eiweiß, dann in der Mandelmischung wenden.
4. In einer beschichteten Pfanne 1 TL Öl mittelstark erhitzen. Die Filets darin pro Seite in 2–3 Min. braun braten. Auf zwei vorgewärmten Tellern mit Zwiebel-Apfel-Gemüse und Radicchio anrichten und servieren.

TIPP

Als Beilage passt Vollkornbaguette oder Kartoffelpüree, Menge nach KE-Bedarf (s. Tabelle S. 13).

VARIANTE

Als Gemüsebeilage kann der Radicchio gegen Romana-Salatherzen ausgetauscht werden, die wie Radicchio ebenfalls gebraten werden können und so sehr gut schmecken. Die Salatherzen waschen, gründlich trocken schütteln und der Länge nach halbieren. Dann wie den Radicchio kurz anbraten, mit Apfelsaft ablöschen und mit Salz und 1 Prise Cayennepfeffer abschmecken.

Nährwerte pro Portion:

525 kcal • **39 g** Eiweiß • **28 g** Fett • **29 g** Kohlenhydrate • **5 g** Ballaststoffe • ca. 2½ KE/BE

Fischeintopf mit Tomaten

FÜR 2 PERSONEN

1 große Zwiebel
2 Knoblauchzehen
2 Zucchini
2 TL Olivenöl
400 g Pizzatomaten (Dose)
200 ml Fischfond (Glas; ersatzweise Gemüsebrühe)
1 Lorbeerblatt
1 TL Thymianblättchen
gemahlener Piment
1 Streifen fein abgeschälte Bio-Zitronenschale
Salz, Pfeffer
400 g Seelachsfilet
1 TL gehackter TK-Dill (nach Belieben)

ZUBEREITUNG: ca. 30 Min.

1. Die Zwiebel schälen, vierteln und quer in Streifen schneiden. Knoblauch schälen und klein würfeln. Zucchini waschen, putzen und in ca. 3 cm lange und ½ cm breite Stifte schneiden. Das Öl in einem Topf mittelstark erhitzen, Zwiebeln und Knoblauch darin glasig braten. Zucchini 1–2 Min. mitbraten.

2. Tomaten und Fischfond angießen und aufkochen. Lorbeerblatt, Thymian, 1 Prise Piment und die Zitronenschale unterrühren und alles zugedeckt bei schwacher Hitze 8 Min. sanft kochen. Mit Salz und Pfeffer abschmecken.

3. Den Fisch kalt abspülen, trocken tupfen, in ca. 4 cm große Würfel schneiden und zum Tomatensud in den Topf geben. Zugedeckt darin 5 Min. bei schwacher Hitze gar ziehen lassen.

4. Lorbeerblatt und Zitronenschale aus dem Eintopf entfernen und diesen nochmals mit Salz und Pfeffer sowie Thymian und Piment herzhaft abschmecken. Den Eintopf nach Belieben mit Dill bestreut servieren.

TIPP

Dazu schmecken Vollkornnudeln oder -reis, Menge nach KE-Bedarf (s. Tabelle S. 13).

Nährwerte pro Portion:

260 kcal • **33 g** Eiweiß • **7 g** Fett • **12 g** Kohlenhydrate • **4 g** Ballaststoffe • ca. **1** KE/BE

Rotbarschfilet auf Möhren-Kartoffel-Püree

FÜR 2 PERSONEN

500 g Möhren
560 g mehligkochende Kartoffeln
1 Zwiebel
4 TL Rapsöl
⅛ l Gemüsebrühe
2 Rotbarschfilets, à 200 g
1 TL Zitronensaft
Salz, Pfeffer
2 EL Mehl
frisch geriebene Muskatnuss
½ TL fein abgeriebene Bio-Zitronenschale
½ Bund glatte Petersilie

ZUBEREITUNG: ca. 30 Min.

1. Möhren und Kartoffeln schälen und grob raspeln. Die Zwiebel schälen und klein würfeln. In einem Topf 2 TL Öl mittelstark erhitzen und die Zwiebeln darin glasig braten. Möhren, Kartoffeln und die Brühe dazugeben und alles bei mittlerer Hitze 15 Min. zugedeckt kochen.

2. Inzwischen den Fisch kalt abspülen, trocken tupfen, mit Zitronensaft beträufeln, salzen und pfeffern. In einer Pfanne 2 TL Öl mittelstark erhitzen. Die Fischfilets im Mehl wenden, lockeres Mehl abschütteln und die Filets beidseitig im heißen Öl pro Seite 3 Min. goldgelb braten.

3. Möhren und Kartoffeln mit dem Pürierstab pürieren, mit Salz, Pfeffer, 1 Prise Muskat und der Zitronenschale würzen. Die Petersilie waschen, die Blättchen fein hacken und unter das Püree mischen. Fisch und Püree auf zwei vorgewärmten Tellern anrichten und servieren.

Nährwerte pro Portion:

545 kcal • **44 g** Eiweiß • **11 g** Fett • **51 g** Kohlenhydrate • **13 g** Ballaststoffe • ca. **4** KE/BE

Schweinemedaillons

mit Kräuter-Käse-Kruste

FÜR 2 PERSONEN

Für die Kräuterkruste

20 g Frischkäse, fettreduziert
10 g Butter
½ EL Semmelbrösel
½ EL frisch geriebener Parmesan
1 geh. EL frische, gehackte Kräuter, wie Petersilie, Thymian, Rosmarin, Basilikum oder TK-Gartenkräuter
1 Msp. fein abgeriebene Bio-Zitronenschale
½ Eigelb
Salz, Pfeffer

Für das Gemüse

Salz
125 g Zuckerschoten
200 g mitteldicke Spargelstangen
50 g Frischkäse, fettreduziert
Pfeffer
frisch geriebene Muskatnuss

Für die Medaillons

4 Schweinemedaillons, à 60 g
Salz, Pfeffer
2 TL Olivenöl
Außerdem: Auflaufform (ca. 20 × 20 cm)

ZUBEREITUNG: ca. 20 Min.
BACKEN: ca. 12 Min.

1. Für die Kräuterkruste Frischkäse, Butter, Semmelbrösel, Parmesan, Kräuter, Zitronenschale und Eigelb mit einer Gabel gut vermischen. Die Masse mit Salz und Pfeffer abschmecken, zu vier Kugeln formen und kalt stellen.

2. Den Backofen auf 250° (Umluft 230°) vorheizen. ½ l Wasser mit ½ TL Salz aufkochen. Zuckerschoten waschen und putzen. Die Spargelstangen schälen, quer halbieren oder vierteln.

3. Zuckerschoten und Spargel 2–3 Min. im kochenden Wasser blanchieren, mit einem Sieblöffel herausheben und abtropfen lassen. 100 ml heißes Gemüsewasser mit dem Frischkäse glatt rühren und mit Salz, Pfeffer und 1 Prise Muskat abschmecken. Das Gemüse in die Sauce geben und aufwärmen.

4. Das Fleisch von allen Seiten mit Salz und Pfeffer bestreuen. In einer beschichteten Pfanne das Olivenöl stark erhitzen und das Fleisch darin von jeder Seite 1–2 Min. hellbraun anbraten, in die ofenfeste Form legen.

5. Auf jedes Medaillon eine Kräuterkugel legen, flach drücken und die Medaillons im Ofen (Mitte) 10–12 Min. überbacken. Mit dem Gemüse anrichten.

TIPP

Dazu passen Pellkartoffeln, Menge nach KE-Bedarf (s. Tabelle S. 13).

VARIANTE

Köstlich schmecken auch Hähnchenbrustfilets auf dieselbe Art zubereitet wie die Schweinemedaillons. Dafür insgesamt 240 g Hähnchenbrustfilets – 2 kleinere Stücke oder 1 großes Filet vorbereiten. Die kleinen Filetstücke halbieren, das große Filet vierteln. Alle leicht flach drücken, mit Salz und Pfeffer bestreuen und in der beschichteten Pfanne von jeder Seite 1 Min. hellbraun anbraten. Auf jedes Stück eine Kräuterkugel legen und wie beschrieben im Ofen überbacken. Mit dem Gemüse anrichten.

Nährwerte pro Portion:

375 kcal • **36 g** Eiweiß • **20 g** Fett • **12 g** Kohlenhydrate • **4 g** Ballaststoffe • ca. **1** KE/BE

Kassler auf Paprika-Sauerkraut

FÜR 2 PERSONEN

2 rote Paprikaschoten
2 Zwiebeln
4 TL Rapsöl
400 g Sauerkraut
6 Wacholderbeeren
1 Lorbeerblatt
100 ml Apfelsaft
300 g mageres Kassler
Salz, Pfeffer

ZUBEREITUNG: ca. 30 Min.

1. Die Paprikaschoten vierteln, putzen, waschen und in Streifen schneiden. Die Zwiebeln schälen und würfeln.

2. Das Öl in einem Topf mittelstark erhitzen. Zwiebeln und Paprikastreifen darin kurz andünsten. Sauerkraut, Wacholderbeeren, Lorbeerblatt und Apfelsaft unterrühren. Zugedeckt 5 Min. bei schwacher Hitze kochen.

3. Das Kassler 3 cm groß würfeln. Zwischen das Gemüse betten. Alles zugedeckt weitere 10 Min. garen. Mit Salz und Pfeffer abschmecken und servieren.

TIPP

Dazu schmecken Pellkartoffeln, Menge nach KE-Bedarf **(s. Tabelle S. 13).**

Nährwerte pro Portion:

440 kcal • **36 g** Eiweiß • **22 g** Fett • **20 g** Kohlenhydrate • **6 g** Ballaststoffe • ca. **1½** KE/BE

Minutensteaks mit Sesamkruste

FÜR 2 PERSONEN

1 EL Rosinen
1 Schalotte
1 Staude Mangold, 400 g
2 große Tomaten
2 TL Olivenöl
Salz, Pfeffer
1 TL Zitronensaft
2 dünne Minutensteaks vom Schwein, à 80 g
1 Eiweiß
3 EL Sesamsamen
1 EL Rapsöl

ZUBEREITUNG: ca. 25 Min.

1. Die Rosinen mit warmem Wasser bedeckt einweichen. Die Schalotte schälen und klein würfeln. Von der Mangoldstaude den Stielansatz abschneiden, schadhafte Teile entfernen. Den Mangold waschen, die Blätter abschneiden, die Stängel nach Bedarf entfädeln und in 2 cm lange Stücke schneiden. Die Blätter längs halbieren und in Streifen schneiden. Die Tomaten waschen, halbieren, die Stielansätze herausschneiden und die Tomaten klein würfeln.

2. In einer großen Pfanne das Öl mittelstark erhitzen. Die Schalotten darin glasig braten. Die Mangoldstängel untermischen und zugedeckt 5 Min. dünsten. Die Mangoldblätter und die Tomatenwürfel zufügen. Die Rosinen abgießen, unter das Gemüse mischen und alles zugedeckt 5–7 Min. weitergaren. Mit Salz, Pfeffer und Zitronensaft abschmecken.

3. Die Steaks trocken tupfen, beidseitig mit Salz und Pfeffer bestreuen. Das Eiweiß in einem tiefen Teller verquirlen. Den Sesam auf einem flachen Teller ausbreiten. Die Schnitzel erst im Eiweiß, dann im Sesam wenden. Panade leicht andrücken. Das Rapsöl in einer Pfanne mittelstark erhitzen. Die Schnitzel darin von jeder Seite 1–2 Min. braten. Mit dem Mangold auf zwei vorgewärmten Tellern anrichten.

TIPP

Dazu passt Vollkornbaguette, Menge nach KE-Bedarf **(s. Tabelle S. 13).**

Nährwerte pro Portion:

395 kcal • **25 g** Eiweiß • **29 g** Fett • **9 g** Kohlenhydrate • **6 g** Ballaststoffe • ca. **1** KE/BE

Bunter Gemüse-Wurst-Topf

FÜR 2 PERSONEN

1 große Zwiebel
250 g Möhren
1 kleiner Kohlrabi
125 g Buschbohnen
200 g Kartoffeln
2 TL Olivenöl
1 Lorbeerblatt
1 kleiner Zweig Rosmarin
¾ l Gemüsebrühe
2 Geflügelwiener, à 60 g
Salz, Pfeffer
½ Bund glatte Petersilie

ZUBEREITUNG: ca. 30 Min.

1. Die Zwiebel schälen, vierteln und in Streifen schneiden. Die Möhren schälen, längs halbieren und schräg in 1 cm breite Stücke schneiden. Den Kohlrabi schälen, vierteln, zuerst in 1 cm dicke Scheiben, dann in Stäbchen schneiden.

2. Die Bohnen waschen, entfädeln und in 3 cm lange Stücke schneiden. Die Kartoffeln schälen und würfeln.

3. Das Olivenöl in einem Topf mittelstark erhitzen und die Zwiebeln darin glasig braten. Möhren, Kohlrabi, Bohnen und Kartoffeln zufügen und unter Rühren 2–3 Min. andünsten. Lorbeerblatt und Rosmarin mit der Brühe zugeben. Alles aufkochen und zugedeckt bei schwacher Hitze 10 Min. garen.

4. Die Wiener schräg in 2 cm breite Stücke schneiden, zum Gemüse geben und 5 Min. bei schwacher Hitze erwärmen. Das Gericht mit Salz und Pfeffer abschmecken. Die Petersilie waschen, die Blättchen hacken und unter den Eintopf mischen.

TIPP

Dazu passt Vollkornbrot, Menge nach KE-Bedarf (s. Tabelle S. 13).

Nährwerte pro Portion:

220 kcal • **8 g** Eiweiß • **10 g** Fett • **23 g** Kohlenhydrate • **8 g** Ballaststoffe • ca. **2** KE/BE

Putenragout mit Sellerie und Kartoffeln

FÜR 2 PERSONEN

250 g Putenschnitzel
2 Schalotten
300 g festkochende Kartoffeln
8 Stangen Staudensellerie mit Grün (1 Staude)
2 TL Rapsöl
¼ l Gemüsebrühe
1 TL fein abgeriebene Bio-Zitronenschale
2 EL Zitronensaft
Salz, Pfeffer

ZUBEREITUNG: ca. 30 Min.

1. Das Fleisch kalt abspülen, trocken tupfen und in 3 cm große Würfel schneiden. Die Schalotten schälen und längs vierteln. Kartoffeln schälen, in 3 cm große Würfel schneiden. Sellerie in Stangen teilen, das Grün zur Seite legen. Stangen putzen und in 2 cm breite Stücke schneiden.

2. Das Rapsöl in einem Topf mittelstark erhitzen und darin das Fleisch rundum anbraten. Kartoffeln, Sellerie und Schalotten mit der Gemüsebrühe zugeben, alles aufkochen und zugedeckt bei mittlerer Hitze 15 Min. garen.

3. Zitronenschale und Zitronensaft unterrühren. Das Selleriegrün waschen, grob hacken und ebenfalls unterrühren. Das Ragout kurz aufkochen, mit Salz und Pfeffer abschmecken und servieren.

TIPP

Dazu schmeckt Vollkornreis, Menge nach KE-Bedarf (s. Tabelle S. 13).

Nährwerte pro Portion:

300 kcal • **35 g** Eiweiß • **7 g** Fett • **24 g** Kohlenhydrate • **7 g** Ballaststoffe • ca. **2** KE/BE

Fleisch-Reis-Bällchen in Pilzragout

FÜR 2 PERSONEN

50 g Basmatireis
2 Schalotten
½ Bund glatte Petersilie
1 Ei (Größe S)
Salz, Pfeffer
gemahlener Piment
250 g Rinderhackfleisch
1 EL Mehl
½ l Gemüsebrühe
500 g Champignons
2 TL Rapsöl
50 g Kräuterfrischkäse, fettreduziert

ZUBEREITUNG: ca. 30 Min.

1. Reis mit warmem Wasser bedeckt 10 Min. einweichen. Die Schalotten schälen und klein würfeln. Die Petersilie waschen, die Blättchen hacken.

2. Die Hälfte der Schalotten und der Petersilie, das Ei, 1 TL Salz sowie je 1 Prise Pfeffer und Piment gut mit dem Fleisch verkneten. Den abgetropften Reis gut unterkneten. Aus je ½ EL der Farce kleine Klößchen formen. Diese leicht in Mehl wenden.

3. Brühe mit der zweiten Schalotte in einem Topf aufkochen und die Klößchen darin bei schwacher Hitze 10 Min. sanft kochen lassen.

4. Inzwischen die Champignons putzen und halbieren. Das Öl in einem Topf stark erhitzen und die Pilze darin 3 Min. anbraten. Mit 50 ml Klößchenbrühe ablöschen und den Kräuterfrischkäse sowie die restliche Petersilie einrühren. Die Sauce salzen und pfeffern.Die Klößchen mit einem Sieblöffel aus der Brühe heben, abtropfen lassen, unter die Pilze mischen und servieren. Dazu passt Vollkornbaguette (Menge nach KE-Bedarf; s. Tabelle S. 13).

Nährwerte pro Portion:

550 kcal • 44 g Eiweiß • 29 g Fett • 26 g Kohlenhydrate • 5 g Ballaststoffe • ca. 2 KE/BE

Pfannen-Gyros auf Kartoffel-Spinat-Püree

FÜR 2 PERSONEN

560 g mehligkochende Kartoffeln
Salz
300 g gehackter TK-Spinat
250 g Putenschnitzel
1 kleine Zwiebel
1 Knoblauchzehe
je ½ TL getrockneter Oregano und gemahlener Rosmarin
Cayennepfeffer, gemahlener Kreuzkümmel und Koriander
Pfeffer
2 TL Olivenöl
1 TL Tomatenmark
100 ml Milch, 1,5 % Fett

ZUBEREITUNG: ca. 30 Min.

1. Die Kartoffeln schälen, vierteln, in kochendem Salzwasser 15 Min. garen. Den Spinat nach Packungsangabe in einem Topf auftauen und erhitzen.

2. Die Putenschnitzel kalt abspülen, trocken tupfen, längs halbieren und quer in dünne Streifen schneiden. Zwiebel und Knoblauch schälen, achteln, beides durch eine Knoblauchpresse zum Fleisch drücken. Oregano, Rosmarin, je 1 Prise Cayennepfeffer, Kreuzkümmel, Koriander und Pfeffer, ½ TL Salz, Olivenöl, Tomatenmark und 1 EL Wasser untermischen und das Fleisch darin marinieren.

3. Die Kartoffeln abgießen, das Wasser auffangen. Die Milch mit den Kartoffeln in den Topf geben, kurz erwärmen, stampfen und dann den Spinat unterrühren. Nach Bedarf so viel Kartoffelwasser unterrühren, dass ein geschmeidiges Püree entsteht. Mit Salz und Pfeffer abschmecken und warm halten.

4. Eine beschichtete Pfanne stark erhitzen und das Geschnetzelte darin unter ständigem Rühren leicht braun anbraten. Auf dem Püree anrichten.

TIPP

Auch Fleisch von Kalb, Lamm, Huhn und Pute eignet sich für das Gyros. Besonders würzig: einige Stunden marinieren.

Nährwerte pro Portion:

385 kcal • 41 g Eiweiß • 8 g Fett • 38 g Kohlenhydrate • 8 g Ballaststoffe • ca. 3 KE/BE

Salbeischnitzelchen mit marinierten Paprika

FÜR 2 PERSONEN

je 1 rote, grüne und gelbe Paprikaschote
3 TL Olivenöl
Salz, Pfeffer
1–2 EL Aceto Balsamico
6–8 Basilikumblätter
2 Kalbsschnitzelchen, à 120 g
1 TL Mehl
2 frische Salbeiblätter
2 EL trockener Weißwein (ersatzweise ½ TL Zitronensaft + 2 EL Wasser)
Außerdem: 2 Zahnstocher

ZUBEREITUNG: ca. 30 Min.

1. Die Paprikaschoten vierteln, putzen, waschen und in Streifen schneiden. In einer Pfanne 2 TL Öl mittelstark erhitzen und die Paprika darin unter Rühren 5 Min. dünsten. Mit Salz und Pfeffer würzen und zugedeckt noch 2 Min. weiterdünsten.

2. Paprika in eine Schüssel geben, Aceto Balsamico und gewaschene zerzupfte Basilikumblätter untermischen. Die Schnitzel von beiden Seiten mit Salz und Pfeffer würzen und mit wenig Mehl bestreuen. Auf jedes Schnitzelchen mit 1 Zahnstocher 1 Salbeiblatt heften.

3. 1 TL Öl in der Pfanne mittelstark erhitzen und die Schnitzel von jeder Seite 2 Min. braten, kurz warm halten. Den Wein in die Pfanne gießen und aufkochen. Den Bratsaft über die Schnitzel träufeln und die marinierten Paprikaschoten dazureichen.

TIPPS

Die Schnitzel schmecken auch aus Schweinefleisch. Als Kohlenhydratbeilage passt Vollkornbaguette (Menge nach KE-Bedarf; s. Tabelle S. 13).

Nährwerte pro Portion:

250 kcal • **28 g** Eiweiß • **10 g** Fett • **11 g** Kohlenhydrate • **8 g** Ballaststoffe • ca. **1** KE/BE

Schnitzel mit pikantem Aprikosenragout

FÜR 2 PERSONEN

2 Putenschnitzel, à 125 g
Salz, Pfeffer
1 TL Dijon-Senf
125 g Rucola
4 TL Rapsöl
1 EL Aceto balsamico bianco
200 g Aprikosen
1 Streifen dünn abgeschälte Bio-Orangenschale
1 kleines Stück Zimtstange
Cayennepfeffer
3 EL trockener Weißwein (ersatzweise 3 EL Orangensaft)
1 TL Apfeldicksaft
5–6 Zitronenmelisseblättchen

ZUBEREITUNG: ca. 30 Min.

1. Die Schnitzel kalt abspülen, trocken tupfen, mit Salz, Pfeffer und Dijon-Senf von beiden Seiten einreiben.

2. Rucola waschen, verlesen und trocken schütteln. 2 TL Öl und Balsamessig vermischen und mit Salz und Pfeffer würzen. Vinaigrette mit dem Rucola mischen.

3. Die Aprikosen waschen, entsteinen, vierteln und mit Orangenschale, Zimt, 1 Prise Cayennepfeffer, Wein und Apfeldicksaft in einem Topf aufkochen. Bei schwacher Hitze 5 Min. zugedeckt sanft kochen lassen, gelegentlich umrühren.

4. 2 TL Öl in einer beschichteten Pfanne mittelstark erhitzen und die Schnitzel darin von beiden Seiten 3 Min. braten.

5. Die Zitronenmelisse waschen, in feine Streifen schneiden und unter das Aprikosenragout mischen. Schnitzel mit Ragout und Salat anrichten.

TIPP

Als Kohlenhydratbeilage macht sich Vollkornreis gut dazu, Menge nach KE-Bedarf (s. Tabelle S. 13).

Nährwerte pro Portion:

300 kcal • **33 g** Eiweiß • **12 g** Fett • **14 g** Kohlenhydrate • **2 g** Ballaststoffe • ca. **1** KE/BE

Schnitzel

mit Bohnen-Tomaten-Gemüse

FÜR 2 PERSONEN

2 magere Schweineschnitzel, à 125 g
3 TL Olivenöl
Salz, Pfeffer
1 TL getrockneter Thymian
3 Frühlingszwiebeln
1 kleine Knoblauchzehe
300 g Cocktailtomaten
300 g TK-Bohnen
1 Stängel Bohnenkraut

ZUBEREITUNG: ca. 30 Min.

1. Schweineschnitzel trocken tupfen. 1 TL Öl mit ½ TL Salz, 1 Prise Pfeffer und dem Thymian verrühren und das Fleisch damit einreiben.

2. Die Frühlingszwiebeln putzen, waschen und in dünne Ringe schneiden. Den Knoblauch schälen. Die Tomaten waschen und halbieren. 1 l Wasser mit 1 TL Salz aufkochen und die Bohnen darin 10 Min. vorgaren, in ein Sieb abgießen, kalt abspülen, abtropfen lassen.

3. In einer tiefen Pfanne 2 TL Olivenöl mittelstark erhitzen, Frühlingszwiebeln und Knoblauch darin glasig braten. Die Tomaten mit den Schnittflächen nach unten dazwischensetzen und alles 1–2 Min. dünsten. Die Bohnen untermischen und kurz mitdünsten. Das Gemüse mit Salz und Pfeffer abschmecken. Vom Bohnenkraut die Blättchen abzupfen und unterrühren. Das Gemüse warm halten.

4. Eine Grillpfanne stark erhitzen und die Schnitzel darin von jeder Seite 2–3 Min. grillen. Das Bohnen-Tomaten-Gemüse mit den Schnitzeln auf zwei vorgewärmten Tellern anrichten.

TIPP

Dazu passt Vollkornreis, Menge nach KE-Bedarf (s. Tabelle S. 13).

VARIANTE

Die Schnitzel längs halbieren und quer in dünne Streifen schneiden. Das Fleisch in einer Marinade aus 1 TL Olivenöl, 1 EL Zitronensaft, Salz, Pfeffer und 1 TL Kräuter der Provence wenden und kurz stehen lassen. Inzwischen Frühlingszwiebeln, Knoblauch,Tomaten und Bohnen wie im Rezept beschrieben vorbereiten. In einer tiefen Pfanne 2 TL Öl mittelstark erhitzen, Zwiebeln und Knoblauch glasig braten. Das marinierte Fleisch untermischen und 3 Min. mitbraten. Die Tomaten mit den Schnittflächen nach unten dazwischensetzen, 1–2 Min. dünsten. Die Bohnen untermischen und kurz mitdünsten. Die Fleisch-Gemüse-Pfanne mit Salz und Pfeffer abschmecken.

Nährwerte pro Portion:

350 kcal • **40 g** Eiweiß • **12 g** Fett • **22 g** Kohlenhydrate • **2 g** Ballaststoffe • ca. **2** KE/BE

Hähnchenspieße auf Lauchgemüse

FÜR 2 PERSONEN
250 g Hähnchenbrustfilets
1 EL + 50 ml Orangensaft
5 TL Rapsöl
Salz, Pfeffer
4 Frühlingszwiebeln
1 säuerlicher Apfel
2 Lorbeerblätter
1 Stange Lauch
1 TL fein abgeriebene Bio-Orangenschale
1 EL fein gehackte Walnusskerne
Außerdem: 2 Schaschlik-Holzspieße

ZUBEREITUNG: ca. 30 Min.

1. Die Hähnchenbrustfilets kalt abspülen, trocken tupfen, in 2 cm große Würfel schneiden. 1 EL Orangensaft mit 1 TL Öl, Salz und Pfeffer verrühren und das Fleisch darin marinieren.

2. Die Frühlingszwiebeln putzen, waschen und in 3 cm lange Stücke schneiden. Den Apfel schälen, vierteln, Kerngehäuse herausschneiden und die Apfelviertel quer in 1 cm dicke Scheiben schneiden. Die Lorbeerblätter halbieren.

3. Holzspieße leicht ölen und abwechselnd Fleisch, Frühlingszwiebeln, Apfelstücke und Lorbeerblätter aufspießen.

4. Lauch putzen, waschen und in Ringe schneiden. In einem Topf 2 TL Öl mittelstark erhitzen. Den Lauch darin 2–3 Min. andünsten, mit 50 ml Orangensaft ablöschen und mit Salz und Pfeffer würzen. Orangenschale zufügen. Das Gemüse 5 Min. bei mittlerer Hitze weiterdünsten.

5. Inzwischen eine beschichtete Pfanne mit 1 TL Öl einpinseln, mittelstark erhitzen und die Spieße darin rundum hellbraun braten. Lauchgemüse auf zwei Teller verteilen, mit Walnüssen bestreuen und die Spieße darüberlegen. Dazu: Vollkornreis (Menge nach KE-Bedarf; s. Tabelle S. 13).

Nährwerte pro Portion:
345 kcal • **32 g** Eiweiß • **18 g** Fett • **14 g** Kohlenhydrate • **5 g** Ballaststoffe • ca. **1** KE/BE

Pute mit Zucchini in Zitronensauce

FÜR 2 PERSONEN
250 g Putenschnitzel
1 große Zwiebel
1 Knoblauchzehe
3 mittelgroße Zucchini
2 TL Olivenöl
Salz, Pfeffer
½ TL fein abgeriebene Bio-Zitronenschale
1 EL Frischkäse, fettreduziert
1 EL Zitronensaft
8–10 Basilikumblätter

ZUBEREITUNG: ca. 30 Min.

1. Putenschnitzel kalt abspülen und trocken tupfen, in 1 cm breite und 4 cm lange Streifen schneiden. Die Zwiebel schälen, vierteln, in feine Streifen schneiden. Den Knoblauch schälen und hacken. Die Zucchini waschen, Stiel- und Blütenansätze abschneiden und die Zucchini in dünne Scheiben schneiden.

2. In einer Pfanne das Olivenöl mittelstark erhitzen. Das Fleisch mit den Zwiebeln und dem Knoblauch darin rundum 2–3 Min. anbraten, mit Salz und Pfeffer würzen. Die Zucchinischeiben und die Zitronenschale untermischen. Alles weitere 2–3 Min. dünsten.

3. Den Frischkäse und den Zitronensaft unterrühren, erhitzen und das Gericht mit Salz und Pfeffer herzhaft abschmecken. Zuletzt die Basilikumblätter waschen, grob zerzupfen und untermischen.

TIPP

Dazu schmeckt Reis, Menge nach KE-Bedarf (s. Tabelle S. 13).

Nährwerte pro Portion:
235 kcal • **35 g** Eiweiß • **8 g** Fett • **7 g** Kohlenhydrate • **3 g** Ballaststoffe • ca. **½** KE/BE

Hähnchenbrust

auf Provence-Gemüse

FÜR 2 PERSONEN

2 Zwiebeln
2 Knoblauchzehen
je 1 Aubergine, Zucchino, rote und grüne Paprikaschote
1 scharfe Peperoni
300 g Hähnchenbrustfilets
4 TL Olivenöl
1 Zweig Rosmarin
2 Zweige Thymian
Salz, Pfeffer
2 große Tomaten

ZUBEREITUNG: ca. 30 Min.

1. Die Zwiebeln und den Knoblauch schälen. Die Zwiebeln in große Würfel, den Knoblauch in dünne Scheiben schneiden. Aubergine und Zucchino waschen, putzen und in 2 cm große Würfel schneiden.

2. Die Paprikaschoten halbieren, putzen, waschen und in 2 cm große Quadrate schneiden. Die Peperoni längs halbieren, Stiel und Kerne entfernen, die Schote waschen und in feine Streifen schneiden.

3. Die Hähnchenbrust kalt abspülen, trocken tupfen und quer in dünne Scheiben schneiden. Das Olivenöl in einer Pfanne mittelstark erhitzen und das Fleisch darin unter Rühren 3 Min. braten, aus der Pfanne nehmen und warm halten.

4. Das Gemüse in die Pfanne geben und 2 Min. andünsten, mehrmals durchrühren. Kräuter waschen, Blättchen abzupfen und untermischen. Das Gemüse mit Salz und Pfeffer würzen und zugedeckt bei mittlerer Hitze 3 Min. dünsten.

5. In der Zwischenzeit die Tomaten waschen, halbieren, Stielansätze herausschneiden, die Tomaten würfeln und unter das Gemüse in der Pfanne mischen. Die Hähnchenbrustscheiben darauf verteilen, alles zugedeckt bei schwacher Hitze in 3 Min. fertig garen und mit Salz und Pfeffer abschmecken.

TIPP

Dazu passt Vollkornbaguette, Menge nach KE-Bedarf (s. Tabelle S. 13).

Nährwerte pro Portion:

415 kcal • **40 g** Eiweiß • **21 g** Fett • **16 g** Kohlenhydrate • **14 g** Ballaststoffe • ca. 1½ KE/BE

Hähnchenschenkel

auf Champignons

FÜR 2 PERSONEN
2 Hähnchenschenkel, à 250 g
Salz
1 TL Pfefferkörner
1 Gewürznelke
1 Lorbeerblatt
1 Bund Frühlingszwiebeln
500 g Champignons
1 EL Olivenöl
Pfeffer
4 EL Aceto balsamico
4 EL saure Sahne
1 Handvoll Basilikumblätter

ZUBEREITUNG: ca. 30 Min.

1. Die Hähnchenschenkel kalt abspülen und trocken tupfen. Fett und fette Haut abschneiden. In eine Pfanne drei Finger breit Wasser füllen, mit 1 TL Salz, Pfefferkörnern, Gewürznelke und dem Lorbeerblatt aufkochen. Die Hähnchenschenkel darin zugedeckt bei mittlerer Hitze 20 Min. garen, nach 10 Min. wenden.

2. Inzwischen die Frühlingszwiebeln putzen, waschen und schräg in Ringe schneiden. Die Champignons putzen und in dünne Scheiben schneiden.

3. Das Olivenöl in einer Pfanne mittelstark erhitzen, die Frühlingszwiebeln unter Rühren darin 2 Min. andünsten. Die Champignons unterrühren und 2 Min. weiterdünsten. Das Gemüse mit Salz und Pfeffer abschmecken. Aceto Balsamico und saure Sahne unterrühren.

4. Die Hähnchenschenkel aus der Brühe nehmen (diese für eine Suppe oder Sauce verwenden, z. B. für das Putenragout S. 98) und zwischen das Gemüse legen. Alles noch 5 Min. zugedeckt bei schwacher Hitze durchziehen lassen, dann mit gewaschenem Basilikum bestreut servieren.

TIPP

Dazu passen Vollkornbaguette oder -reis, Menge nach KE-Bedarf (s. Tabelle S. 13).

VARIANTE

Die Zubereitungszeit lässt sich noch verkürzen, wenn Hähnchenbrustfilets anstatt der Hähnchenschenkel verwendet werden. Dafür pro Portion 120 g Hähnchenbrustfilet in Streifen oder Würfel schneiden. Die Frühlingszwiebeln putzen, waschen und in Stücke schneiden. Die Champignons putzen und in Scheiben schneiden. Das Olivenöl in einer Pfanne mittelstark erhitzen und das Fleisch darin rundum hellbraun anbraten. Frühlingszwiebeln unterrühren und glasig braten. Dann die Champignons zufügen und 2 Min. mitdünsten. Mit Salz und Pfeffer würzen. Aceto balsamico und saure Sahne unterrühren. Das Geschnetzelte mit Basilikum bestreuen.

Nährwerte pro Portion:

365 kcal • **51 g** Eiweiß • **14 g** Fett • **9 g** Kohlenhydrate • **6 g** Ballaststoffe • ca. **1** KE/BE

Rindfleisch aus dem Wok

mit Möhren und Ingwer

FÜR 2 PERSONEN

1 zartes Rindersteak, ca. 200 g
2 EL Sojasauce + Sojasauce zum Abschmecken
Cayennepfeffer
400 g junge Möhren
1 dünne Stange Lauch
2 Knoblauchzehen
1 Stück Ingwer, ca. 20 g
1 Stängel Zitronengras
2 Frühlingszwiebeln
2 TL Rapsöl
1 EL Reisessig
Salz, Pfeffer

ZUBEREITUNG: ca. 30 Min.

TIPP

Dazu: Vollkornreis oder -nudeln, Menge nach KE-Bedarf (s. Tabelle S. 13).

1. Das Steak trocken tupfen und in dünne Scheiben schneiden. Steakscheiben mit 2 EL Sojasauce und 1 Msp. Cayennepfeffer vermengen und marinieren.

2. Die Möhren putzen, schälen und in dünne Scheiben schneiden. Den Lauch putzen, waschen und quer in Ringe schneiden. Den Knoblauch schälen und hacken. Den Ingwer schälen und klein würfeln. Das Zitronengras putzen, grob hacken. Frühlingszwiebeln putzen, waschen und in sehr dünne Ringe schneiden.

3. Im Wok das Öl stark erhitzen. Das Fleisch abtropfen lassen, dabei die Sojasauce auffangen. Fleisch in 3 Min. unter Rühren anbraten, aus dem Wok nehmen und warm halten. Möhren, Lauch, Knoblauch, Ingwer und Zitronengras in den Wok geben, 5 Min. darin anbraten. Aufgefangene Sojasauce und den Reisessig untermischen.

4. Gemüse mit Salz, Pfeffer, Cayennepfeffer und Sojasauce abschmecken. Die Fleischscheiben mit dem ausgetretenen Fleischsaft unter das Gemüse mischen, 5 Min. darin heiß werden lassen und servieren. Bei Tisch mit den Frühlingszwiebeln bestreuen.

VARIANTE

Ebenso lecker schmeckt das Wok-Gericht mit anderem Gemüse, z. B. mit Spitzkohl und roten und gelben Paprikaschoten. Dafür das Steak in dünne Scheiben schneiden, in Sojasauce und Cayennepfeffer marinieren. Die Blätter von 500 g zartem Spitzkohl in 1 cm breite Streifen schneiden, waschen, abtropfen lassen. Je 1 gelbe und rote Paprikaschote halbieren, putzen, waschen und in schmale Streifen schneiden. Knoblauch, Ingwer und Zitronengras vorbereiten. Im Wok das Öl stark erhitzen, das abgetropfte Fleisch 3 Min. anbraten, aus dem Wok nehmen und warm halten. Im Restöl Kohl, Paprikastreifen, Knoblauch, Ingwer und Zitronengras unter Rühren anbraten, aufgefangene Fleischmarinade und Reisessig untermischen und zugedeckt bei schwacher Hitze 6–7 Min. dünsten. Mit Sojasauce und Cayennepfeffer abschmecken, Fleisch und -saft untermischen.

Nährwerte pro Portion:

260 kcal • **25 g** Eiweiß • **12 g** Fett • **14 g** Kohlenhydrate • **8 g** Ballaststoffe • ca. **1** KE/BE

Schoko-Omelett

mit Erdbeeren

FÜR 2 PERSONEN

250 g Erdbeeren
1 Ei
50 ml Milch, 1,5 % Fett
1 EL Mehl
1 TL Kakaopulver (stark entölt)
1 Msp. fein abgeriebene Bio-Orangenschale
1 TL Zucker
Salz
2 TL Rapsöl
1 TL Puderzucker

ZUBEREITUNG: ca. 25 Min.

1. Die Erdbeeren waschen, entkelchen und in dünne Scheiben schneiden.
2. Das Ei trennen. Das Eigelb in einer Schüssel mit der Milch verquirlen. Mehl und Kakaopulver darübersieben und mit der Orangenschale und dem Zucker klümpchenfrei unterrühren.
3. Das Eiweiß mit 1 Prise Salz zu steifem Schnee schlagen und unter den Teig heben. In einer beschichteten Pfanne das Rapsöl mittelstark erhitzen und nebeneinander zwei kleine Omeletts in die Pfanne gießen. Nach 2–3 Min. die Omeletts wenden und in weiteren 2 Min. fertig backen. Omeletts auf zwei Teller gleiten lassen.
4. Auf jedes Omelett die Hälfte der Erdbeeren geben und zusammenklappen. Mit Puderzucker bestäuben.

TIPP

Je nach Jahreszeit und Geschmack können die Früchte variieren: Verschiedene Beerenarten, Pflaumen, Pfirsiche oder Aprikosen schmecken ebenfalls gut zum Omelett.

VARIANTE

Zur Abwechslung die Omeletts mit Mandeln zubereiten. Dafür 3 TL fein gehackte Mandeln in einer Pfanne ohne Fett und unter ständigem Rühren hellbraun anrösten, dann auf einem Teller abkühlen lassen. Statt Kakaopulver ½ TL Bourbon-Vanillezucker mit zwei Dritteln der gerösteten Mandeln unter den Teig rühren. Daraus wie beschrieben Omeletts backen, füllen, mit den restlichen Mandeln bestreut und mit Puderzucker bestäubt servieren.

Nährwerte pro Portion:

185 kcal • **7 g** Eiweiß • **10 g** Fett • **17 g** Kohlenhydrate • **3 g** Ballaststoffe • ca. **1½** KE/BE

Joghurtkaltschale mit geeisten Himbeeren

FÜR 2 PERSONEN

100 g TK-Himbeeren + einige schöne Himbeeren zum Garnieren
350 g Joghurt, 1,5 % Fett
½ TL Bourbon-Vanillezucker
1 TL Zucker
50 g Sahne
2 Stängelspitzen frische Minze (nach Belieben)

ZUBEREITUNG: ca. 15 Min.

1. 100 g Himbeeren in einen hohen Mixbecher geben. Joghurt, Vanillezucker und Zucker dazugeben. Alles mit dem Pürierstab pürieren. In einem zweiten Becher die Sahne steif schlagen.
2. Den Joghurt auf zwei Gläser oder Schüsselchen verteilen. Obendrauf jeweils eine Sahnehaube setzen. Mit Himbeeren und nach Belieben Minze garnieren und sofort genießen.

TIPP

Natürlich kann das Dessert auch mit frischen Himbeeren, mit Erdbeeren oder Heidelbeeren zubereitet werden. Wer einen Miniquirl besitzt, kann kleine Sahnemengen ganz bequem mit diesem steif schlagen.

Nährwerte pro Portion:

325 kcal • **7 g** Eiweiß • **18 g** Fett • **34 g** Kohlenhydrate • **0 g** Ballaststoffe • ca. **3** KE/BE

Obstsalat mit Schoko-Pistazien-Quark

FÜR 2 PERSONEN

¼ Ananas, ca. 150 g
100 g Erdbeeren
1 Orange
1 Nektarine
1 Birne
50 ml frisch gepresster Orangensaft
1 EL gehackte Pistazien
200 g Magerquark
50 ml Milch, 1,5 % Fett
1 TL Zucker
1 TL Zitronensaft
10 g Bitterschokolade, 70 % Kakao
Zitronenmelisse (nach Belieben)

ZUBEREITUNG: ca. 20 Min.

1. Das Ananasviertel schälen, harte Augen entfernen und das Fruchtfleisch in kleine Stücke schneiden. Die Erdbeeren waschen, entkelchen und vierteln. Die Orange schälen, dabei die weiße Haut mit abschneiden. Filets aus den Trennhäuten lösen und in kleine Stücke schneiden. Nektarine und Birne waschen. Nektarine vom Stein schneiden und klein würfeln. Birne vierteln und ohne Kerngehäuse ebenfalls klein würfeln. Gesamtes Obst mit dem Orangensaft mischen.
2. Die Pistazien in einer Pfanne ohne Fett leicht anrösten, auf einem Teller abkühlen lassen.
3. Den Quark in einer Schüssel mit Milch, Zucker und Zitronensaft verrühren. Die Schokolade ganz fein hacken oder raspeln und mit den Pistazien unter den Quark rühren.
4. Den Obstsalat auf zwei Schälchen verteilen und den Quark daraufgeben. Nach Belieben mit Zitronenmelisse garnieren.

Nährwerte pro Portion:

305 kcal • **18 g** Eiweiß • **6 g** Fett • **45 g** Kohlenhydrate • **6 g** Ballaststoffe • ca. **4** KE/BE

Heidelbeer-Zimt-Pfannkuchen

FÜR 2 PERSONEN

1 Ei (Größe L)
100 g Weizenmehl, Type 1050
1 Msp. Backpulver
½ TL Zimtpulver
Salz
150 ml Milch
1 EL Zucker
1 EL gehackte Mandeln
125 g frische Heidelbeeren
2 EL Rapsöl
einige Zitronenmelisseblättchen
2 TL Puderzucker

ZUBEREITUNG: ca. 30 Min.

1. Das Ei in einer Schüssel mit dem Schneebesen verquirlen. Mehl mit Backpulver, Zimt und 1 Prise Salz vermischen. Nach und nach abwechselnd Milch, Mehlmischung und Zucker unter das Ei rühren. Dann die Mandeln untermischen. Den Teig kurz stehen lassen.

2. In der Zwischenzeit die Heidelbeeren verlesen, waschen und gut abtropfen lassen. Einige Beeren als Dekoration zurückbehalten. Die übrigen Beeren unter den Teig mischen.

3. In einer beschichteten Pfanne das Öl mittelstark erhitzen und darin portionsweise aus je 1½ EL Teig kleine Pfannkuchen backen.

4. Die Pfannkuchen auf zwei Tellern anrichten und darauf einige Heidelbeeren verteilen. Zitronenmelisse waschen, trocken tupfen. Den Puderzucker über die Pfannkuchen stäuben und diese mit Zitronenmelisse garnieren.

Nährwerte pro Portion:

450 kcal • **13 g** Eiweiß • **20 g** Fett • **50 g** Kohlenhydrate • **6 g** Ballaststoffe • ca. **4** KE/BE

Safranreis mit Birnen

FÜR 2 PERSONEN

200 ml Milch, 1,5 % Fett
3–4 Safranfäden
1 Streifen dünn abgeschälte Bio-Zitronenschale
Salz
75 g Milchreis
4 Walnusskernhälften
½ TL Puderzucker
2 Birnen
1 TL Zucker

ZUBEREITUNG: ca. 30 Min.

1. Milch mit Safran, Zitronenschale und 1 Prise Salz aufkochen. Den Milchreis unterrühren, aufkochen und bei schwacher Hitze 15–20 Min. garen. Immer wieder durchrühren, damit der Reis nicht ansetzt.

2. In der Zwischenzeit eine beschichtete Pfanne mittelstark erhitzen. Die Walnüsse grob hacken und in der Pfanne ohne Fett leicht rösten. Puderzucker darüberstreuen und leicht karamellisieren lassen. Nüsse zur Seite stellen.

3. Die Birnen schälen, vierteln, Stiel und Kerngehäuse herausschneiden. Die Birnenviertel würfeln. Kurz vor dem Garzeitende mit dem Zucker unter den Reis mischen und mitgaren. Quillt der Reis stark, 1–2 EL Wasser unterrühren.

4. Die Zitronenschale entfernen. Den Reis auf zwei Schälchen verteilen. Die Nüsse darüberstreuen und den Safranreis warm oder kalt servieren.

TIPP

Statt der Birne macht sich in diesem Dessert auch 1 Apfel gut.

Nährwerte pro Portion:

235 kcal • **6 g** Eiweiß • **7 g** Fett • **35 g** Kohlenhydrate • **5 g** Ballaststoffe • ca. **3** KE/BE

Gelbe Fruchtgrütze mit Dickmilch

FÜR 2 PERSONEN

1 große Orange
2 Nektarinen oder Pfirsiche
1 reife Mango
2 TL Bourbon-Vanillezucker
1 TL Speisestärke
50 ml frisch gepresster Orangensaft
100 g Dickmilch

ZUBEREITUNG: ca. 20 Min.

1. Die Orange samt der weißen Haut schälen, die Filets aus den Trennhäuten lösen, dabei den Saft auffangen.
2. Die Nektarinen mit kochendem Wasser übergießen, kurz stehen lassen, kalt abschrecken, häuten, entsteinen und in kleine Stücke schneiden.
3. Die Mango schälen und das Fruchtfleisch in kleinen Stücken vom Stein schneiden. Die Früchte mit aufgefangenem Orangensaft in einen Topf geben.
4. 1 TL Bourbon-Vanillezucker unter die Früchte mischen und alles bei mittlerer Hitze 5 Min. kochen.
5. Die Stärke mit dem Orangensaft glatt rühren, unter die Früchte rühren und nochmals aufkochen. Die angedickten Früchte auf zwei Schüsselchen verteilen und abkühlen lassen.
6. Die Dickmilch mit dem restlichen Bourbon-Vanillezucker glatt rühren und auf der Grütze verteilen.

Nährwerte pro Portion:

207 kcal • **4 g** Eiweiß • **3 g** Fett • **41 g** Kohlenhydrate • **5 g** Ballaststoffe • ca. **3½** KE/BE

Joghurt-Schicht-Dessert

FÜR 2 PERSONEN

1 Mango
1–2 TL Limettensaft
300 g Joghurt, 1,5 % Fett
2 EL Kokosmilch
2 TL Zucker
20 g dunkle Schokolade, 70 % Kakao
2 Stängel frische Minze

ZUBEREITUNG: ca. 20 Min.

1. Die Mango schälen, das Fruchtfleisch vom Stein schneiden und grob würfeln. Mit einem Pürierstab das Fruchtfleisch pürieren und mit dem Limettensaft abschmecken.
2. Joghurt und Kokosmilch mit dem Schneebesen glatt rühren und mit dem Zucker süßen.
3. In zwei große, hohe Gläser abwechselnd eine Schicht Joghurt und eine Schicht Mangopüree einfüllen. Die letzte Schicht soll Joghurt sein.
4. Die Schokolade raspeln und die Joghurtschicht damit bestreuen. Die Schicht-Desserts mit je 1 Minzestängel garnieren.

Nährwerte pro Portion:

210 kcal • **6 g** Eiweiß • **6 g** Fett • **32 g** Kohlenhydrate • **2 g** Ballaststoffe • ca. **3** KE/BE

Quarknocken

mit Beerensauce

FÜR 2 PERSONEN

200 g gemischte TK-Beeren
5 TL Zucker
250 g Magerquark
1 Bio-Limette
50 g Sahne
1 Eiweiß
1 TL gehackte frische Minze

ZUBEREITUNG: ca. 30 Min.

1. Die Beeren in einem kleinen Topf einmal aufkochen, pürieren und mit 1 TL Zucker süßen. Falls die Beerenkerne stören, die Sauce durch ein Sieb streichen. Die Beerensauce abkühlen lassen.
2. Den Quark in einem sauberen Küchentuch ausdrücken. Die Limette heiß waschen und trocken reiben. Ein Viertel der Schale fein abreiben und die Limette anschließend auspressen. Die Schale und 2 TL Limettensaft unter den Quark rühren.
3. Die Sahne und das Eiweiß getrennt steif schlagen. 4 TL Zucker in den Eischnee rieseln lassen und weiteraufschlagen. Erst die Sahne und dann den Eischnee unter den Quark heben.
4. Beerensauce auf zwei Dessertteller verteilen. Mit einem Esslöffel Nocken aus der Quarkmousse stechen und auf die Sauce setzen. Mit Minze garnieren.

TIPP

Besonders dekorativ: Die Dessertteller, vor allem die Ränder, zuerst leicht mit Puderzucker bestäuben, auf den Tellergrund einen Spiegel aus Beerensauce streichen und die Nocken in die Mitte setzen. Mit gehackter Minze bestreuen.

VARIANTE

Wer das Dessert einige Stunden vor dem Servieren vorbereiten möchte, rührt unter die Quarkmasse etwas Gelatine, damit sie fester wird und das auch bleibt. Dafür die unter Step 2 genannten 2 TL Limettensaft und 1 EL Wasser lauwarm erhitzen. 2 Blätter weiße Gelatine 5 Min. in kaltem Wasser einweichen, ausdrücken und im Limettenwasser unter Rühren auflösen. Mit Limettenschale und Zucker unter den Quark rühren. Geschlagene Sahne und Eischnee wie beschrieben unterheben und den Quark zugedeckt für mindestens 1 Std. in den Kühlschrank stellen, bevor Nocken ausgestochen werden.

Nährwerte pro Portion:

230 kcal • **20 g** Eiweiß • **9 g** Fett • **19 g** Kohlenhydrate • **2 g** Ballaststoffe • ca. **1½** KE/BE

Gut zu wissen

Bücher, Adressen und Links, die weiterhelfen

Buchtipps

Bereits im Gräfe und Unzer Verlag, München, erschienen:
Gesund essen bei Diabetes: Szwillus, Marlisa; Fritsche, Doris.
Das große GU Koch- und Backbuch für Diabetiker: Hauner, Prof. Dr. Hans; Lohr, Rosalie; Bachmann Axel, Bohlmann, Friedrich; Casparek-Türkkan, Erika; Köhler, Bettina.
Das große GU Kochbuch für Diabetiker: Hauner, Dr. Dagmar; Casparek-Türkkan, Erika; Casparek, Petra.
Dir große GU Nährwert-Kalorien-Tabelle (auch mit CD-ROM): Elmadfa, Prof. Dr. Ibrahim et. al.
Diabetes – Der Ernährungs-Kompass: Fritsche, Doris.
GU Kompass Gute Fette – schlechte Fette: Fritsche, Doris.
GLYX-Kompass: Grillparzer, Marion
300 Fragen zum Diabetes: Riedel, Dr. med. Matthias.
Diabetes – Neustart in ein gesundes Leben: Schwörer, Dr. Dipl.-Psych.; Frank, Dr. med.
Andere Verlage:
TRIAS, Stuttgart: Richtig einkaufen bei Diabetes: Hofele, Karin.
Verlag Kirchheim, Mainz: Das Diabetes-Nordic-Walking-Buch: Kriegel, Ralf.
Verlag Kirchheim, Mainz: Diabetes- und Sportfibel, Thurm, Ulrike; Gehr, Bernhard.

Zeitschriften

Diabetes-Journal – Offizielles Organ des Deutschen Diabetiker-Bundes und der Deutschen Diabetes-Union, Verlag Kirchheim, Mainz

Verbände

Deutsche Diabetes-Union e.V. (DDU)
Jens Purschl
Goethestraße 27, 34119 Kassel
www.diabetes-union.de
info@diabetes-union.de

Deutscher Diabetiker Bund e.V. (DDB)
Goethestraße 27, 34119 Kassel
Tel.: 0561 – 703 477 0, www.diabetikerbund.de
info@diabetikerbund.de

Deutsche Diabetes-Gesellschaft e.V. (DDG)
Bürkle-de-la-Camp-Platz 1, 44789 Bochum
Tel.: 0234 – 97 88 90
www.deutsche-diabetes-gesellschaft.de
info@ddg.info

Österreichische Diabetiker-Vereinigung
ÖDV-Bundesservicezentrale
Moosstraße 18, A-5020 Salzburg
Tel.: 004 662 – 82 77 22, www.diabetes.or.at
oedv.office@aon.at

Schweizerische Diabetes-Gesellschaft
Rütistraße 3 A, CH-5400 Baden
Tel.: 0043 56 200 17 90
www.diabetesgesellschaft.ch
sekretariat@diabetesgesellschaft.ch

Diabetesberater
Freiberuflich tätige DiabetesberaterInnen in Ihrer Region finden sie auf diesen Seiten:
www.fidev.de
www.quetheb.de
www.vdoe.de

Viele weitere Informationen

Auf folgenden Seiten im Internet finden Sie viele weitere Links und Informationen rund um das Thema Diabetes, unter anderem Kontaktadressen für Selbsthilfegruppen, Diabeteszentren und Diabetes-Schwerpunktpraxen in Ihrer Nähe, neue wissenschaftliche Erkenntnisse, Umrechnungstabellen, Reisetipps und vieles mehr.
www.ddz.uni-duesseldorf.de
www.bund-diabetischer-kinder.de
www.deutsche-diabetes-gesellschaft.de
www.diabetesgesellschaft.ch
www.diabetes-deutschland.de
www.diabetes.or.at
www.diabetikerbund.de
Ebenfalls informativ
www.diabetes.de
www.diabetes-world.net
www.lifescaneurope.com/de/diabetes
www.lilly-pharma.de
www.diabetes-journal.de
www.diabetes-heute.uni-duesseldorf.de

Gerichte nach Kapiteln

Rezeptregister von A bis Z

Impressum

Projektleitung: Stefanie Poziombka
Lektorat: Cora Wetzstein
Korrektorat: Mischa Gallé
Umschlaggestaltung: Independent Medien Design, Horst Moser
Fotografie: Jörn Rynio
Produktion: Renate Hutt
Satz: Liebl Satz+Grafik, Emmering
Reproduktion: Repro Ludwig, Zell am See
Druck und Bindung: Printer, Trento

Syndication: www.jalag-syndication.de

ISBN 978-3-8338-1847-9

3. Auflage 2011

GRÄFE UND UNZER

Ein Unternehmen der
GANSKE VERLAGSGRUPPE

Jörn Rynio arbeitet als Fotograf in Hamburg. Zu seinen Auftraggebern gehören nationale und internationale Zeitschriften, Buchverlage und Werbeagenturen. Aus seinem Studio stammen alle Fotos in diesem Band. Tatkräftig unterstützt wurde er dabei von den Foodstylistinnen Antje Küthe und Petra Speckmann.

Bildnachweis: Alle Bilder Jörn Rynio, Hamburg

Titelrezept: Schweinemedaillons mit Kräuter-Käsekruste, S. 94

DAS ORIGINAL GU MIT GARANTIE

Unsere Garantie

Alle Informationen in diesem Ratgeber sind sorgfältig und gewissenhaft geprüft. Sollte dennoch einmal ein Fehler enthalten sein, schicken Sie uns das Buch mit dem entsprechenden Hinweis an unseren Leserservice zurück. Wir tauschen Ihnen den GU-Ratgeber gegen einen anderen zum gleichen oder ähnlichen Thema um.

Liebe Leserin und lieber Leser,

wir freuen uns, dass Sie sich für ein GU-Buch entschieden haben. Mit Ihrem Kauf setzen Sie auf die Qualität, Kompetenz und Aktualität unserer Ratgeber. Dafür sagen wir Danke! Wir wollen als führender Ratgeberverlag noch besser werden. Daher ist uns Ihre Meinung wichtig. Bitte senden Sie uns Ihre Anregungen, Ihre Kritik oder Ihr Lob zu unseren Büchern. Haben Sie Fragen oder benötigen Sie weiteren Rat zum Thema? Wir freuen uns auf Ihre Nachricht!

Wir sind für Sie da!
Montag – Donnerstag: 8.00 – 18.00 Uhr;
Freitag: 8.00 – 16.00 Uhr
Tel.: 0180 - 5 00 50 54*
Fax: 0180 - 5 01 20 54*
*(0,14 €/Min. aus dem dt. Festnetz/Mobilfunkpreise maximal 0,42 €/Min.)
E-Mail: leserservice@graefe-und-unzer.de

P.S.: Wollen Sie noch mehr Aktuelles von GU wissen, dann abonnieren Sie doch unseren kostenlosen GU-Online-Newsletter und/oder unsere kostenlosen Kundenmagazine.

GRÄFE UND UNZER VERLAG
Leserservice
Postfach 86 03 13
81630 München*